ディテールの建築思考

近代建築の思想を読む

Thinking Details from Modern Architecture.

Takeshi Goto

後藤 武

彰国社

ブックデザイン・イラスト　みなみゆみこ

はじめに

後藤　武

建築の理論や思想は、宣言や哲学的なテキストの中にあると一般的には考えられています。たしかに建築家が建物に込めた意図や理想が、言葉のかたちで誰にでも伝達できるようにみえます。しかし饒舌すぎる建築家の言葉は、建物が語るものを越えてときに独り歩きし誇張や歪曲を含みます。建築家とは建物を設計する人のことなのだから、建築の思想は建物そのものに問いかけるのが最も理にかなっていると言えます。自然言語によって解釈される以前の建物が語る言葉に耳を澄ましてみることによって、私たちは豊かな建築の思想の鉱脈にたどり着くことができるのではないでしょうか。

物質と物質とがぶつかり、その接合方法が試行錯誤される中で独自の判断が生まれ、一つ一つのディテールが生み出されます。そしてその集積が建物となるのです。一つの建物を形づくる思考は、ディテールに集約されているのです。建物は言葉を話しませんが、その部分部分には濃密な無数の思考が埋め込まれています。ディテールというと一般的には技術的な納まりを指し、納め方の実践的な工夫が語られることが多いです。しかしここではそのような技術論にとどまらず、ディテールを局所的な小さな部位を指す概念として幅広くとらえてみたいと思います。

この本では、近代建築が建築の世界にもたらした変容を四つのカテゴリーに分類し、その変容を徴《しるし》づける特徴的なディテールに着目して微細に読解することを通して、近代建築の思想を読み解くことを目指しています。その作業を通して、小さな部位に建築の思想が圧縮して封じ込められているさまが徐々に浮き彫りになってくるはずです。なぜ対象を近代建築に限定するのかと言えば、私自身が近代建築の起源をめぐる歴史研究を続けてきているからというのが大きな理由ですが、しかしそれ以上に近代建築が一つ一つのディテールに注ぎ込んできた思考の密度が歴史的に見て圧倒的だからでもあります。その思考を紡ぎ出すためには、ディテールから全体を推論していくプロセスが必要になってきます。

イタリアの歴史家カルロ・ギンズブルクは、ある特殊な知の形式が一九世紀末に顕在化したと言います。それは、残された痕跡などの徴候からその背後にある原因を読み解こうとする思考です。探偵や美術鑑定の現場で活躍したこうした思考に共通するのは、物質的な痕跡に着目し、細部から全体を構想する方法でした。細部にこそ、読解するべき謎が隠されているというわけです。徴候学を蘇らせながら、ここでは一九世紀末に誕生した近代建築のさまざまなディテールの中から、生々しい建築の物質思考を浮かび上がらせてみたいと思っています。

もくじ

はじめに　後藤 武　3

I　柱の発見　9

原始の小屋［オーダー］――オーギュスト・ペレ　15
自由のフォーマット［ピロティ］――ル・コルビュジエ　26
反転する構築［十字柱］――ミース・ファン・デル・ローエ　36
森の結構［マッシュルーム・コラム］――フランク・ロイド・ライト　47

II　インターフェースの変容　57

多様性の設計［装飾］――アドルフ・ロース　64
記憶の編集［コンクリート］――ル・コルビュジエ　77
不在の構築［目地］――ルイス・カーン　91
空間の彩色［ペイント］――ル・コルビュジエ　100
雨の設計［雨樋］――ル・コルビュジエ　111

Ⅲ　スケールの技法　129
シンメトリーの迷宮［扉］——アドルフ・ロース　135
風景のモンタージュ［屋上庭園］——ル・コルビュジエ　144
時間の圧縮［水盤］——カルロ・スカルパ　153
Ⅳ　運動する身体　169
階段を降りる裸体［螺旋階段］——ル・コルビュジエ　176
触る建築［把手］——ル・コルビュジエ　186
四五度［刃掛け］——吉田五十八　196
おわりに　210
クレジット　213
略歴　214

I

柱の発見

物質と物質とがぶつかるところに建築が生まれ、その接合方法が思想になります。建築をつくり出す材料の物性と組み立て方に応じて、おのずと接合の方法は変わってきます。ゴットフリート・ゼンパーという一九世紀末のドイツに生きた建築家、建築思想家が、建築の構築の仕組みを二つに分けています。[1]石のような量塊を積み上げる連続的な行為によって構築していく方法をステレオトミック、細い線材を使って骨組みを組み立てていく方法をテクトニックと呼びます。

ギリシャ建築は組積造の建築です。しかしこのギリシャ建築が特殊なのは、石を積み重ねながら線材である柱をつくっていくところにあります。そこに接合部の困難が生じ、ディテールが発明されていきます。ジョイントのディテールとは、建築の構築方法の矛盾が露呈する場所であり、その矛盾と格闘してきた建築家たちの思考

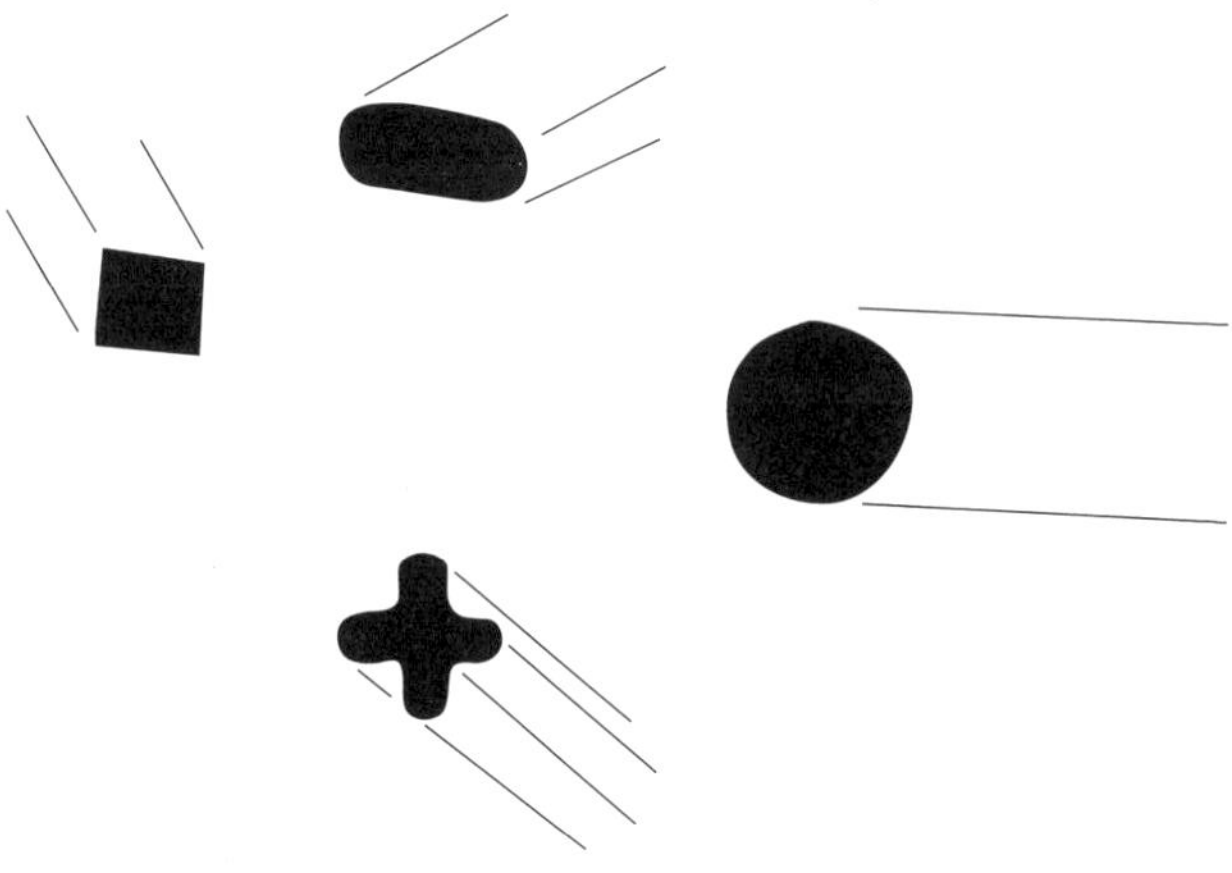

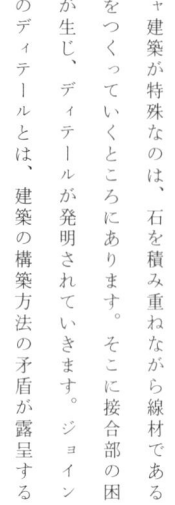

の結実だと考えることができます。ミース・ファン・デル・ローエの鉄骨のジョイントは、現代的な課題を指し示していますが、それは同時にギリシャ建築の柱頭部への参照なしには語ることができません。ジョイントは、物質と物質とをつなぎながらも、建築における時間と空間を継いでいく存在なのです。

ミース・ファン・デル・ローエが壁の中から十字柱を独立させ、ル・コルビュジエがピロティを提唱する。鉄骨と鉄筋コンクリート技術の発展と相まって、二〇世紀初頭は柱という建築要素への関心が高まっていきます。初期近代建築家たちが柱に込めた意味は何だったのでしょうか。

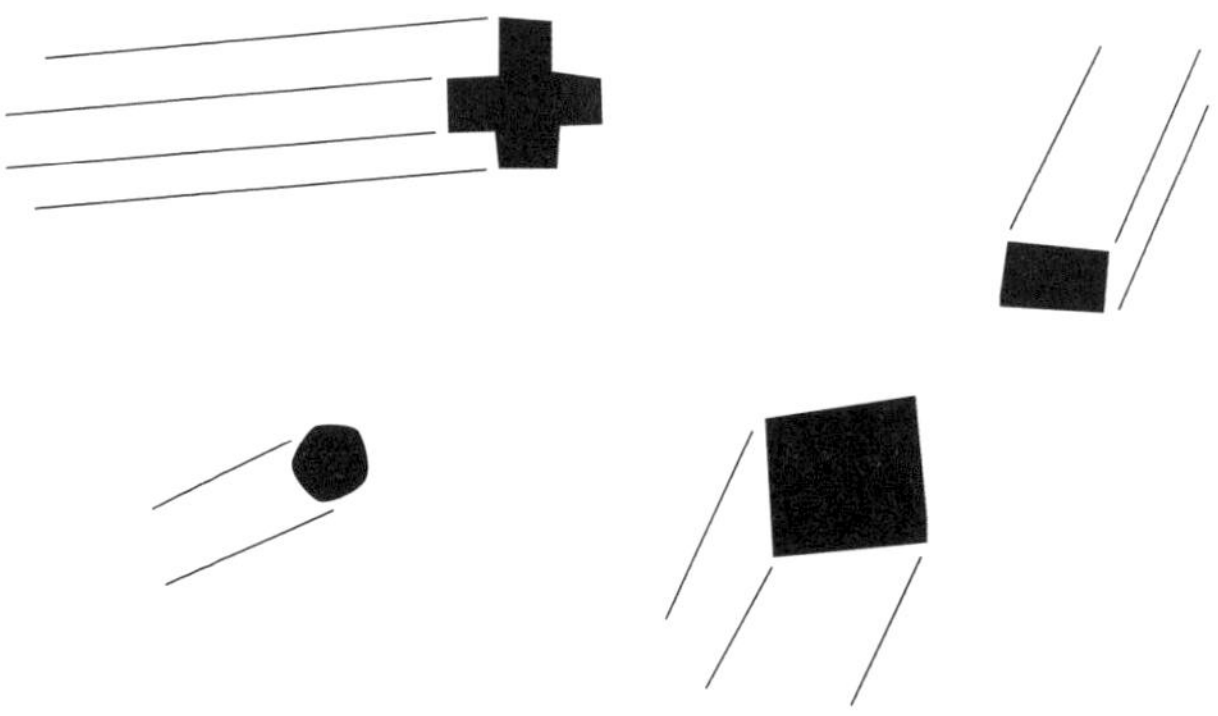

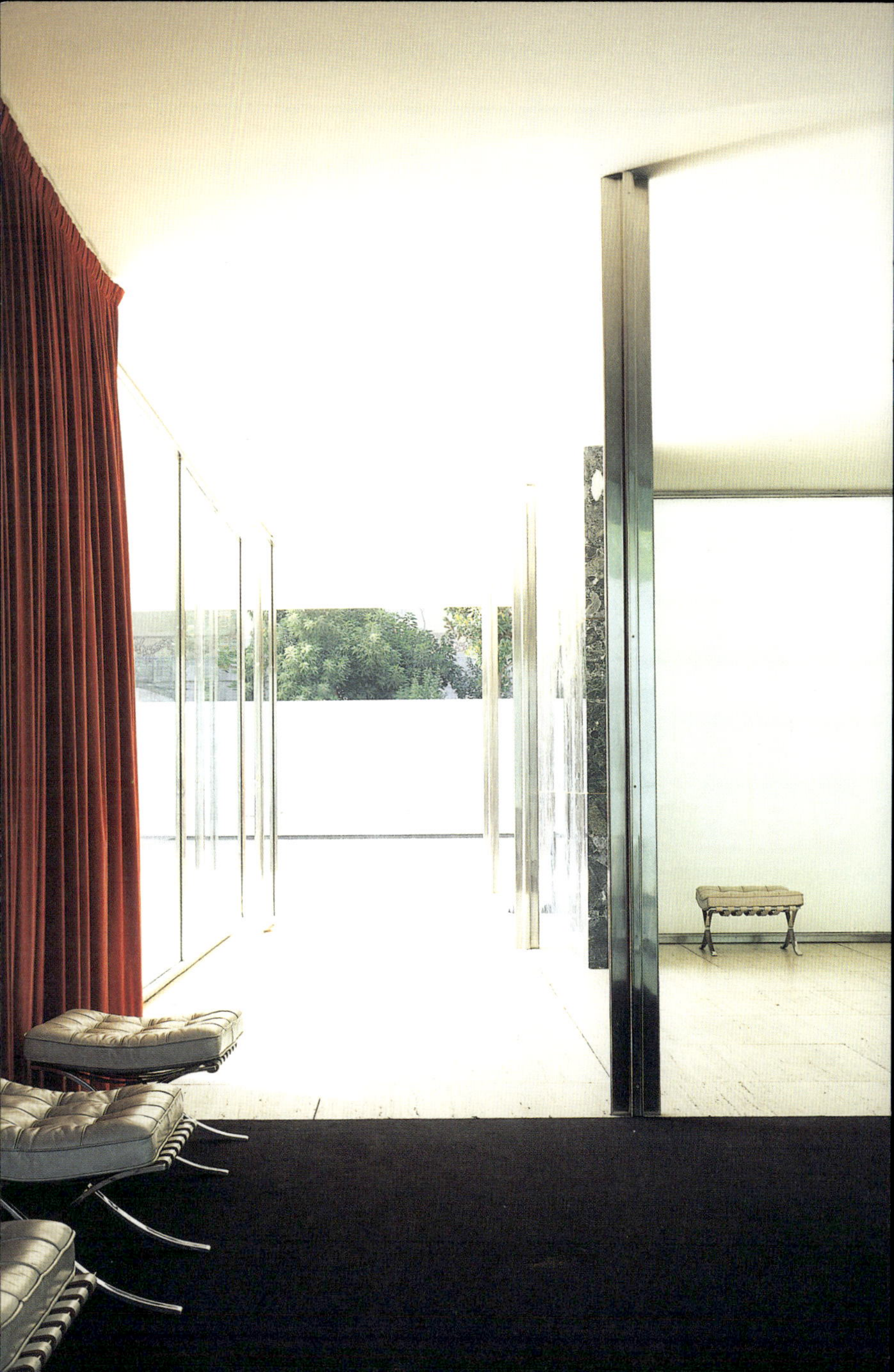

前頁：ミース・ファン・デル・ローエ
「バルセロナ・パヴィリオン」（一九二九年）
壁から柱を分離させた構成で、柱断面は
十字形になっている

上：ル・コルビュジエ
「サヴォワ邸」（一九三一年）
ピロティの構成が最も明快に表現された
例。ガラスの曲面壁とピロティのあいだ
に動線がめぐらされている

原始の小屋［オーダー］

オーギュスト・ペレ

柱梁構法

オーギュスト・ペレは、一九世紀末から二〇世紀初頭にかけて鉄筋コンクリート技術を建築に取り入れ、鉄筋コンクリートに特有の表現を生み出していったことで知られています。[2] 今でこそ鉄筋コンクリート構法の代表的なものとなった柱梁構法を、フランソワ・エヌビックのシステムを参考にしながらペレが定着させていくことになります。鉄筋コンクリートによる柱梁構法を私たちは当たり前のものとして認識していますが、この材料と構法との組み合わせは決して素直なものではありません。細い線材を囲むようにして型枠を構築し、その中に水硬性のセメントを流し込んで成形する。セメントが固まれば型枠をはがすプロセスは、材料から素直に導き出されたものとは考えにくいからです。コンクリートという水硬性の材料はむしろ量塊的でモノリシックな使用の方が適しているとも言えるでしょう。当然木造などの線材の組み合わせの方が、柱梁構法との親近性は高いはずです。しかしそれでも、ペレは柱梁構法にこだわった。[3] その結果が、現代にまで強い影響を及ぼしているのです。

ペレが抱いていたのは、柱への強い意識、骨組みこそが建築の本質なのだという確信でした。ヴィオレ＝ル＝デュクやオーギュスト・ショワジーの熱心な読者だったペレは彼らの歴史観を共有し、ギリシャとゴシックを最も優れた建築様式だと考えていました。ギリシャはもちろん列柱の形式が素晴らしく、ゴシックは独自に発展したリヴ・ヴォールトによる架構の仕組みが評価されます。デュクはゴシック建築を、高度に分節化された部分が有機的なシステムを形成しているととらえています。リヴが力の伝達を担い、そのあいだに充填されるパネルは純粋に覆いの機能に徹している。後に弟子のポル・アブラムによって力学的に反証されることになるこの理論は、皮肉なことに後の近代建築の発展に大きな役割を果たしていくことになります。

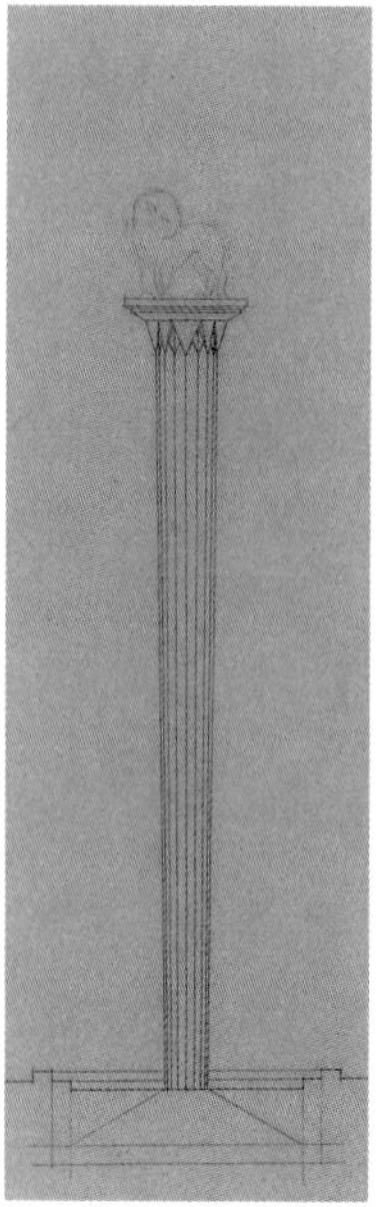

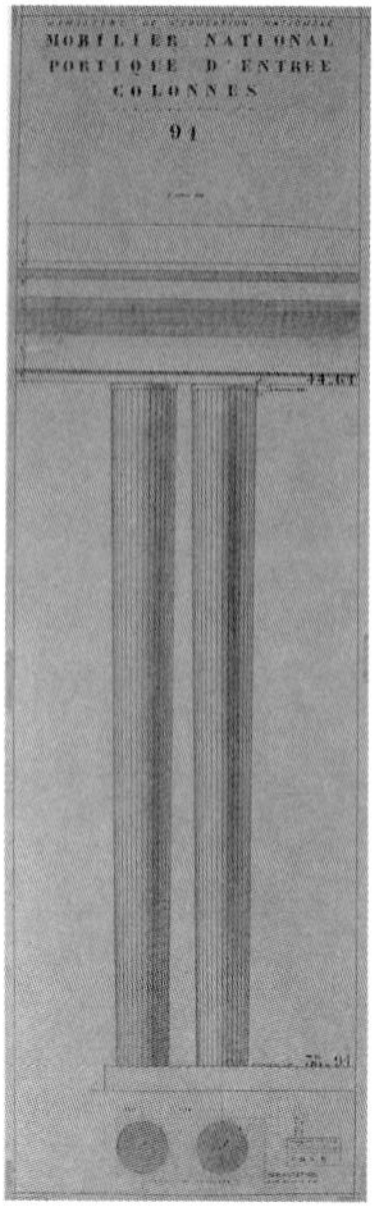

左:「ライオンのモニュメント」1935年。右:オーギュスト・ペレ「国有動産保管所」1936年

ペレは、ギリシャとゴシックの統

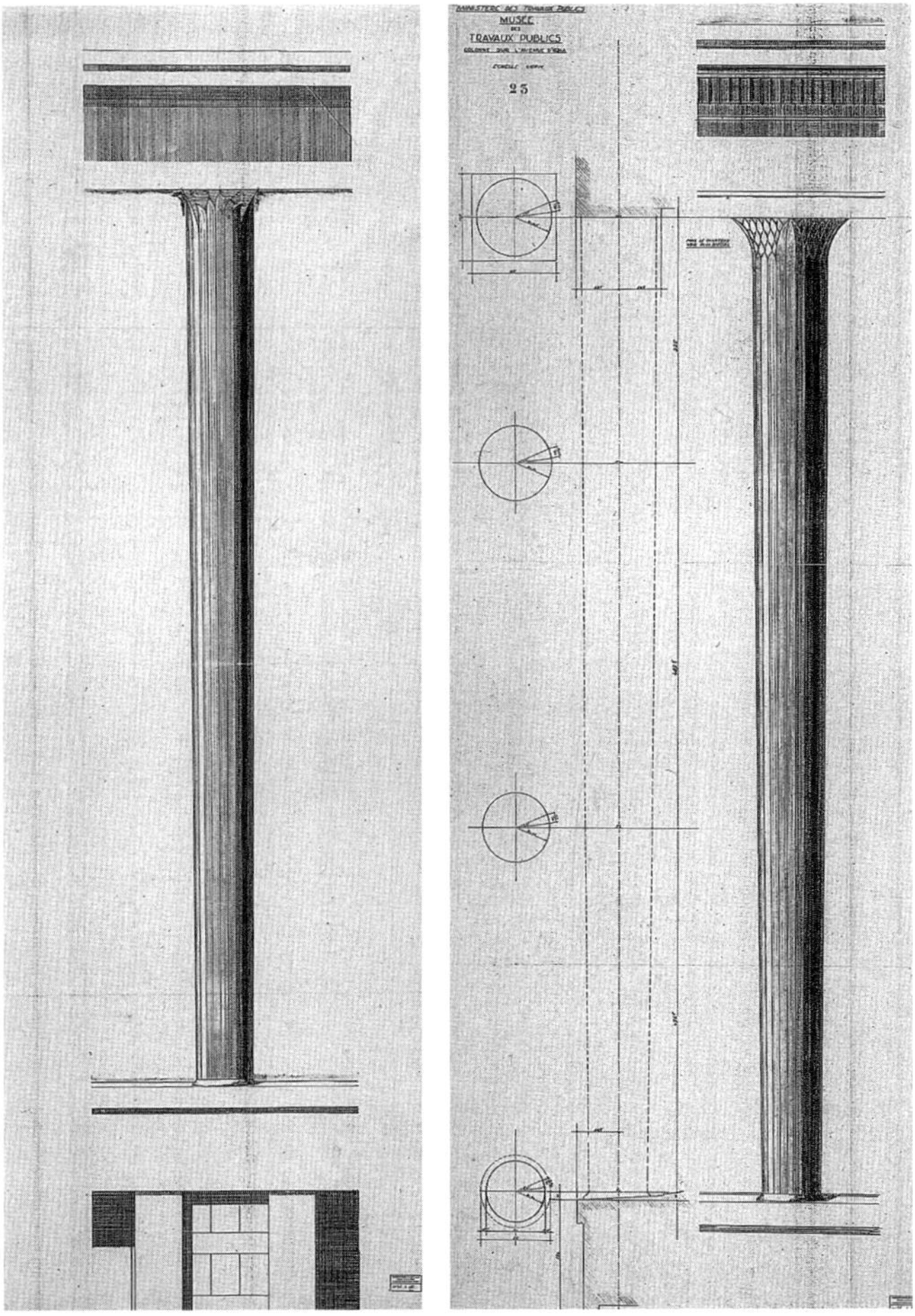

オーギュスト・ペレ「土木事業博物館」1946年　柱のスタディ

合にフランス建築の未来を思い描こうとします。石造建築の長い伝統の中で線材による力の伝達と分節化が高度に発達したギリシャとゴシックを頂点と考え、それぞれの技術的な限界を超えることこそが、建築の未来を生み出すことになる。そのために鉄筋コンクリートという素材は使える。そう考えたからこそ彼は、柱梁構法にこだわったのです。鉄筋コンクリート建築の誕生は、単純に新素材がもたらした技術の革新だけではありませんでした。それは、建築の歴史のヘゲモニー闘争の中から生まれてきたものだったのです。

建築の起源

一九二五年の現代工芸美術博覧会で、ペレは二つのパヴィリオンを設計しています。劇場とアルベール・レヴィ出版社館です。この二つのパヴィリオンは、共通する構造形式を持っていました。梁を鉄筋コンクリートで打ち、それを支える柱を樅の木の円柱とするものでした。特にアルベール・レヴィ出版社館で鉄筋コンクリートの梁を支持していたのは、驚くべきことに樹皮を残したままの樅の円柱でした。木がコンクリートを支持する架構は、力学的に見れば合理的ではありません。コンクリートは比重が大きいため、コンクリート柱の上に軽い木の屋根架構が載せられる方が一般的でしょう。ペレはなぜ、この混構造の組み合わせを選択したのでしょうか。

何枚かの歴史的な図像を参照してみましょう。オーダーやゴシック建築の起源を考察した古典主義の

オーギュスト・ペレ「アルベール・レヴィ出版社館」1925年
Fonds Auguste Perret et Perret frères, CNAM/SIAF/CAPa/Archives d'architecture du XXe siècle/Auguste Perret/UFSE/SAIF/2013.

建築理論書の中に描かれた図像たちです（二〇頁）。最も有名なのはロージェ神父による原始の小屋の図像でしょう。自然に根が張った四本の樹木の上部、枝分かれする部分にエンタブラチュアとペディメントが架け渡された小屋。これがすべての建築の起源だとロージェ神父は主張します。[4] リバー・ド・シャムーストによる一枚は、フランス式オーダーの原型と発展形として二枚の図像が対比的に描き出されています。自然に根を張った数本の樹木の上にドーム屋根が被せられたものが原型であり、その樹木の根が断ち切られて柱基の上に載せられ、樹木を石に置き換えたものが発展形だというわけです。建築は自然の模倣であり、森の樹木による原始の小屋を原型として建築が進化していったのだという思想がここには存在しています。またサー・ジェームズ・ホールは、オーダーの起源の一変異としてゴシック建築の起源を考察しています。ホールによれば、背の高い柳の枝を上方で結びつけると、その組み合わせ方によってさまざまなヴォールト屋根が出来上がるといいます。[5]

左：サー・ジェームズ・ホールが考察したゴシックの起源。尖頭アーチ、枝状の屋根など。中央：リバー・ド・シャムーストが描いたフランス式オーダーの原型とその発展形。右：マルク＝アントワーヌ・ロージェによる原始の小屋のイメージ

石造のオーダーが樹木を起源とする説は、ヨーロッパにおいて歴史的に受け継がれてきました。デュクは素直にこの説には従いませんでしたが、[6] ペレもやはりこの歴史の進化論を信じていました。たしかに地中に埋設されている広大な量塊である石を細長い円柱状の部材へと切り出すプロセスは、奇妙と言えば奇妙です。素直ではありません。円柱というかたちは、石という物性から直接的に導き出されたものであるよりは、先例となるモデルが存在してそれを模倣すべく石に置き換えてつくり出されたと考える方が自然かもしれません。

鉄筋コンクリートによる建築を新たに生み出すに際して、ペレは建築の起源に立ち戻ろうとしました。石造のオーダーが樹木を起源とすることを見据えながら、線材による架構の原点に立ち戻ろうとしたのです。つまり鉄筋コンクリート建築の誕生には、木造へのリファレンスが存在していたというわけなのです。

ロングスパンの水平梁を石造でつくることは困難です。ここに石造の限界があります。だからギリシャにおいては屋根架構は木のままであることが多かった。ゴシックはこの限界を拡張するために交差リヴ・ヴォールトなどの架構形式の発明によって比較的大空間を石造で構築することに成功しました。鉄筋コンクリートが建築の歴史に寄与すべきことがあるとしたら、石の架構の限界を拡張することであるはずです。だからペレには、梁を鉄筋コンクリートでつくることにこだわりがあったはずです。

アルベール・レヴィ出版社館に戻りましょう。この建物は梁が鉄筋コンクリートによるロングスパンで、四隅に樹木の円柱を配したものでした。この架構は原始の小屋にそっくりです。違うのは、梁が石造ではなく鉄筋コンクリートによって置き換えられていることです。それは、石に置き換えられた鉄筋コンクリート梁が長いスパンを可能にすることを示しつつも、生の樹木で支持されることで、建築の起源と未来とを同時に指し示す表現だったのです。鉄筋コンクリートという新素材もまた、木架構を起源とすることに変わりはない。このことを再度確認することによって、鉄筋コンクリート柱梁構法は確立されたのです。ペレはこの建物を二〇世紀の新たな原始の小屋として定義づけたかったのではないでしょうか。

同じく現代工芸美術博覧会で建設された劇場は、フルーティングがほどこされた直径六〇センチの樅《もみ》の円柱三八本の上に鉄筋コンクリートの大梁が架け渡され、ホールの屋根架構部分にだけ鉄骨が使用されています。三種類の材料が架構に用いられていることも作用して、アルベール・レヴィ出版社館以上に要素の分節化が高度に行われています。劇場にせよアルベール・レヴィ出版社館にせよ博覧会用の仮設建築物であり、だからこそ木が使われたのだと考えることもできるでしょう。ただ博覧会場の建築物は多くが鉄筋コンクリート造であり、劇場もアルベール・レヴィ出版社館も梁を鉄筋コンクリートで施工していることを考えると、ペレが柱に木を使用したのは意図的だったと考えざるを得ないでしょう。

木の翻訳

「建築理論への寄与」と題されたペレの文章の中で、次の一節を読むことができます。[7]「最初は、木の骨組以外の建築はない。火を避けるために人は堅いもので建てる。しかし木の骨組の魅力は強く、そのすべての表現が釘の頭に至るまで再現されている程である。この時から、いわゆる古典建築は装飾でしかなくなる。そのうちにフランスの土壌にロマネスクが現われ、次いでゴシック、すなわちリブと飛梁が現われる。ゴシックはヨーロッパを覆う真の石の骨組である。そしていま、鋼鉄の骨組があり、次いでフランスで生まれた鉄筋コンクリートの骨組である。それは正真の建築で世界を覆わんとしている」。ここにペレの歴史観が集約して表現されています。

木の骨組みを別の材料で模倣することは、装飾にほかなりません。したがって鉄筋コンクリートを使うからには、鉄筋コンクリートという素材から導き出される独自の表現に到達しなければならない。しかしそれは同時に建築がたどってきた歴史の進化を表現したものでなければならない。この二重の拘束

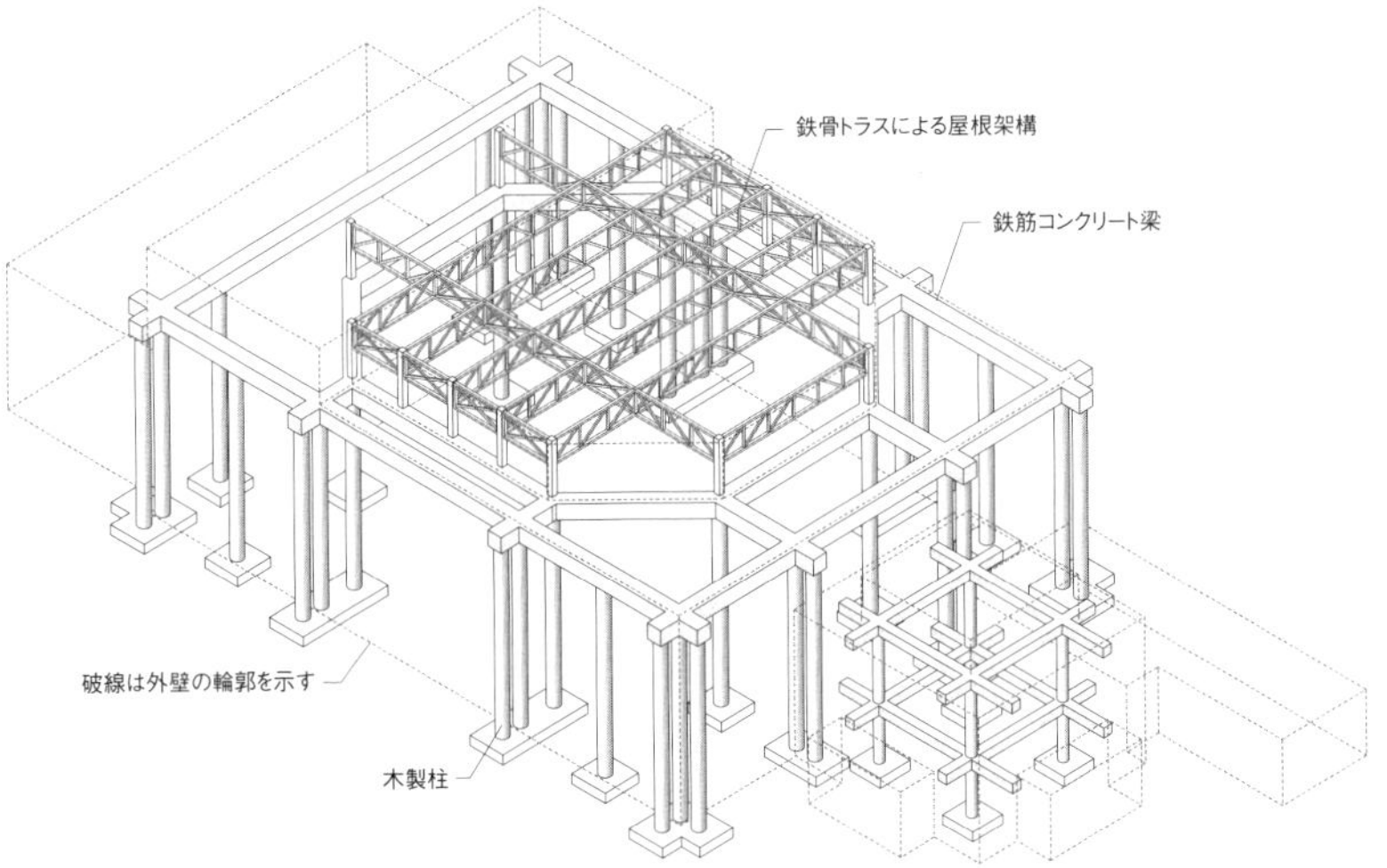

オーギュスト・ペレ「劇場」1925年　アクソノメトリック
3種類の混構造によって成立している

条件こそが、ペレの建築を生み出す原動力となったのです。ペレが木造にまで遡行して参照したのもこの二重の拘束条件のゆえだったのであり、鉄筋コンクリート独自の表現の模索のための参照だったと言えるのではないでしょうか。もちろんペレにも揺れ動きがあって、フランクリン街のアパート（一九〇四）などでは、コンクリートを木工のように扱う手法を試みたりしていて、彼が言う装飾の領域に踏み込んでいるケースもあります。

　最後にペレが純粋に木造で設計した美術館を見てみましょう。ブーローニュの森の入口に建設された木造平屋の仮設美術館パレ・デュ・ボワです。一九二三年にパリに創設された新しい美術展「サロン・デ・テュイルリ」の一九二四年の展覧会のために、ペレに設計依頼されたものです。木材はすべて規格品を用いて、部材同士の支持関係を明瞭に表現して構築されています。垂木と母屋のあいだから、ハイサイドから、天窓から差し込んでくる外光が、これらの要素関係を照らし出し光に満ちた美しい構築を見ることができます。外光派ともいわれた画家たちの作品が展示される場としてもふさわしい光の場所が誕生していたのです。森の木漏れ日の中を経巡るような展示空間をペレは生み出したわけです。ケネス・フランプトンが日本の在来軸組構法との親近性を指摘するこの美術館の構築は、ペレの仕事全体の中からすれば例外的なものではありますが、ペレの架構に対する思想をとらえるためには、最も重要な仕事だと考えることもできるでしょう。

次頁：オーギュスト・ペレ「パレ・デュ・ボワ」1924年　ペレによる軽快な木造建築で、架構の仕組みを目に見えるように表現している
Fonds Auguste Perret et Perret frères, CNAM/SIAF/CAPa/Archives d'architecture du XXe siècle/Auguste Perret/UFSE/SAIF/2013.

自由のフォーマット［ピロティ］

ル・コルビュジエ

原始の柱

ピロティとは、辞書的な定義にしたがえばフランス語で、多くの場合木製の杭ないしは杭で支持された場所を指し、原始的な住居を支持するものでした。ル・コルビュジエは一九二六年に公表された近代建築の五原則の中で、コラムでもオーダーでもなくこのピロティという語で鉄筋コンクリートの丸柱を記述し、近代建築の主要原理の一つとして称揚していきます。古代ギリシャから柱はコラムないしオーダーとして語られてきた伝統をくつがえし、彼は原始の掘立て小屋の柱の名称であるピロティという言葉を採用したわけです。

ル・コルビュジエは、著書『住宅と宮殿』の中にアイルランドの「クラノッグ」という木造水上小屋のドローイングを掲載しています。[8]「クラノッグ」は、木製の柱によって水面高く持ち上げられた住居群です。彼は、これらの原始の小屋においてすでに幾何学と秩序が働いていたことを証明していこうとしています。原始時代のスイスの水上家屋住居遺跡が「クラノッグ」と同時代に考古学調査によって発

ル・コルビュジエが描いたアイルランド地方のクラノッグ
（出典：ル・コルビュジエ『住宅と宮殿』1928 年）

見され、ル・コルビュジエは少年時代に学校の教科書で目にしていたと言われています。[9] パルテノン神殿と並んでこれらの原始の小屋のイメージが、彼のピロティに色濃く投影されていることは容易に想像することができます。彼は『住宅と宮殿』の中で、建築というものは、深く根づいた一本の樹木であると主張しています。樹木を建築の起源としてとらえ、樹木の中に根源的な秩序を発見していくのです。

　無駄な装飾を省き、その場にある材料で必要不可欠なものだけによって構成された原始の小屋。ル・コルビュジエは装飾で粉飾された様式的な宮殿と原始の小屋とを対比させ、原始の小屋の根源的な規則性と機能性を顕揚します。そしてある日この小屋が、神々に捧げられたパンテオンに変貌することはないだろうか、と問いかけます。彼は大胆にも、鉄筋コンクリートという新素材と原始の小屋とをぶつけ合わせようとします。鉄筋コンクリートに石を貼って装飾を付け加えるのではなく、原始の小屋のように機能的な構成の方が鉄筋

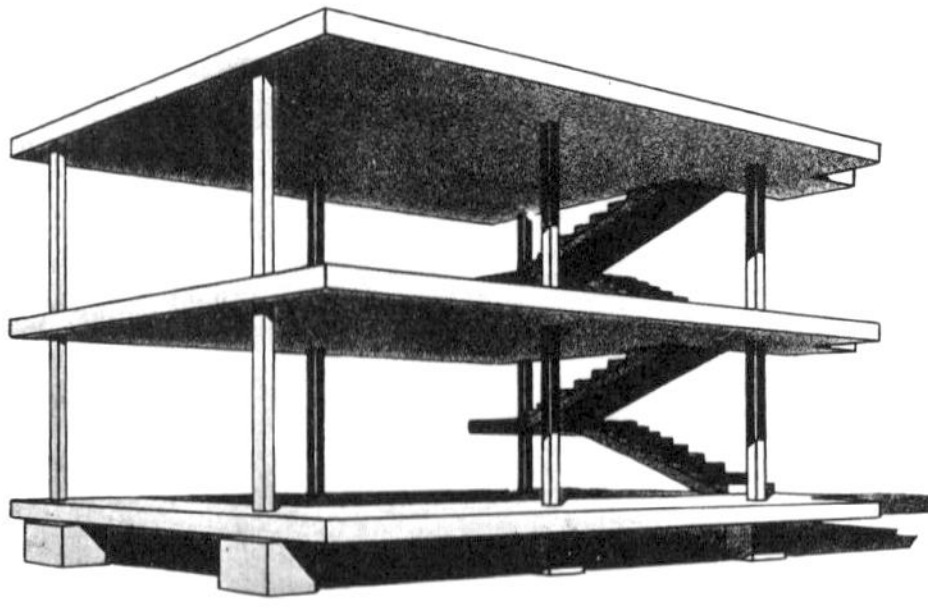

ル・コルビュジエ「ドミノ・システム」
（出典：Le Corbusier, *Œuvre Complète Volume1*, Les Editions d'Architecture, Zurich, 1964）
©FLC / ADAGP, Paris & JASPAR, Tokyo, 2013
D0171

コンクリートという素材の物性にはふさわしいというわけなのでしょう。

第一次世界大戦による破壊からの復興のために、鉄筋コンクリートによる安価で施工の容易な住宅生産の研究を開始したル・コルビュジエは、耐力壁を使用せずに六本の構造柱を自立させ、それに水平スラブの荷重を担わせるユニットを開発し、ドミノ・システムという名前を与えたことは知られています。耐力壁と構造柱とを分離させる試みは、歴史的にはゴシック建築でも試されているし、一九世紀にはアンリ・ラブルーストが国立図書館において鋳鉄を用いて独立柱による空間を創造しています。技師フランソワ・エヌビックは、ドミノ・システム以前にすでに鉄筋コンクリートによる柱梁の架構システムを開発していました。ル・コルビュジエは、構造家マックス・デュ・ボワにドミノ・システムの開発のアドヴァイスを受けていましたが[10]、とりわけデュ・ボワを悩ませたのは、スラブの上下面を平坦にして梁形を露出させないための方法でした。柱のスパンは部屋のモデュールと合致させており、柱は間仕切り壁の中に吸収されることになるため、角柱

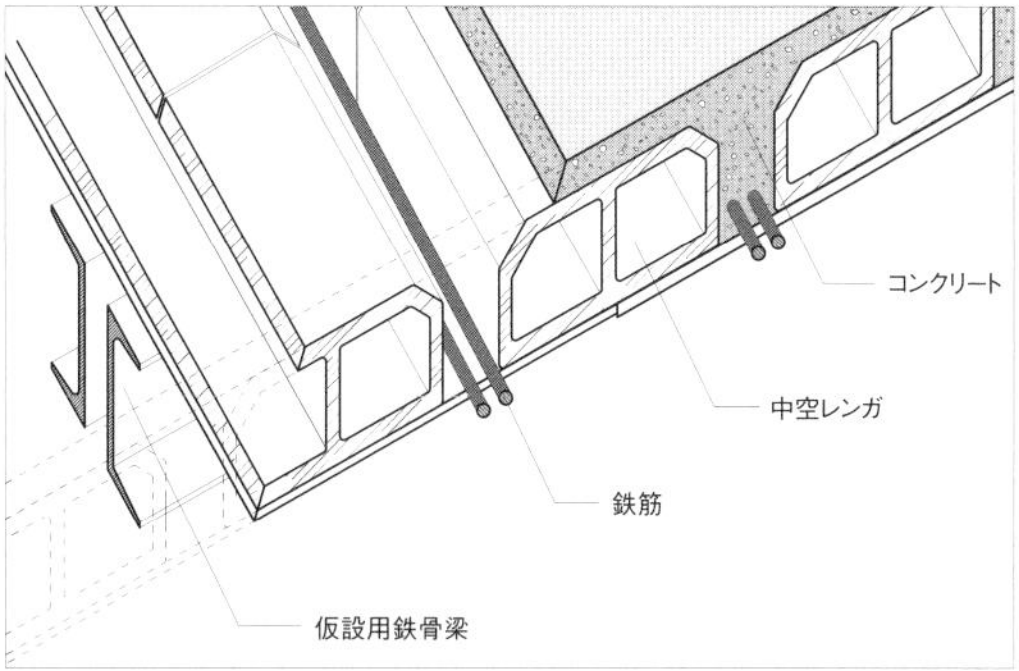

ドミノ・システムの床スラブ詳細　中空レンガを埋め込んでコンクリートを打設し、凝結して強度が出次第、仮設の鉄骨梁を撤去する

が用いられています。角柱はやがて丸柱へと変貌を遂げ、壁から自立して空間内に露出されるようになっていきます。そしてその柱はピロティと名づけられ、一九二六年の近代建築の五原則の一つに数え上げられるようになっていくわけです。

パララックス

ル・コルビュジエにとって、構造を壁から丸柱へと変換させることの意味は、単に新しい構法の開発のためだけではありませんでした。それは、建築の中に運動と視覚の古くて新しい原理を持ち込むことにありました。「アラビアの建築は貴重な教訓を与えてくれる。歩きながら観賞することだ。歩くことで、移動することで、建築のつくられ方が展開していく。これはバロックの建築と反対の原理だ。……この家の場合、本当に建築的な散歩によって、次々と変わった、予期しない、時に驚くべき姿を呈するのだ。例えば構造的には柱梁の絶対的な規格をもちながら、そこにこれだけの変化が得られるというのは面白い」[11]。この記述には、ル・コルビュジエが愛読していたオーギュスト・ショワジーの『建築史』からの影響が顕著にうかがえます。[12] たとえばショワジーは、ダマスクスの大モスクについて、長大な列に沿って展開する丸柱のオーダーが単純であるにもかかわらず、視覚的には茫漠とした広大無辺に消えていくかのようなめくるめく効果を引き起こすと書いています。

建築史家のピーター・コリンズは、一八世紀中葉にヨーロッパの建築の世界に訪れた大きな変化をもたらした要因として、パララックスの効果の発見を挙げています。[13] パララックスとは、観察者の位置の変化にともなって、対象物が見えがかり上移動して見えることです。たとえばコリンズが挙げている例で言えば、高速で走る車の窓から外を見ると、道路際の並木が車と同じスピードで動いているように見える現象が挙げられます。建築で言えば、列柱廊を移動していくと、柱同士の位置が変化していくように見えるだけでなく、柱と柱のあいだから向こうに見えるものと柱の位置関係もまた変化していくように見える現象です。

パララックスの効果を建築空間において最も高い精度で追求した傑作は、疑いようもなくジャック＝ジェルマン・スフロのサント・ジュヌヴィエーヴ教会（一七九〇）でしょう。今では「パンテオン」として知られるこの建物は、ギリシャ十字平面にクーポラの架構を載せ、ファサードにはコリント式の列柱のポーティコを配しています。ここで重要なのは内部の構成です。均等スパンの独立円柱群が林立し、それらが水平な梁を支持しており、壁は円柱から離してプレーンな面を形づくっています。この構成はプリミティヴ・ハットの理論家ロージェの思想ときれいに合致するもので、完全なる建築のモデルであり、フランス建築の真の傑作であると賞讃しています。林立する円柱群のあいだをさ迷い歩きはじめると、途端に風景が動きはじめ、めくるめく視覚的運動が惹き起こされていきます。ショワジーがダマスクスの大モスクやギリシャのパルテノン神殿に見た視覚的効果も、このパララックスだったはずです。ル・コルビュジエは、ショワジーを通して、さらには自身の東方への旅を通して、アラブやギリシャのパララックス効果に目覚めていきます。そして自らの建築に動きながら変化する知覚を導入することを意図しはじめるのです。そして、その効果を「建築的な散歩」と名づけたのでした。

ジャック＝ジェルマン・スフロ「サント・ジュヌヴィエーヴ教会」1790年

　ほぼ均等な矩形グリッドに分割した上で丸柱を立てたサヴォワ邸（一九三一）は、林立する円柱のあいだを渦巻き状の動線が巡っていくように計画されています。ピロティの円柱のあいだに車が吸いこまれ、回転しながら再び反対側の円柱のあいだから車が戻ってきます。エントランスはガラスの曲面壁に設けられ、ガラスを通して列柱が内外を貫通して続いているのを目にすることができます。視距離の異なる柱がずれて見えることで、屋外の風景と室内の風景とが別々に動き、ダイナミックな世界が生成していきます。

サヴォワ邸には、建物の中心部に斜路が埋め込まれています。住宅規模で上下のレベル差を解消する装置として斜路を使用するのは、さすがにオーバー・スケールだと言えます。床面積の多くを斜路に割かなければならないからです。しかし彼は斜路にこだわった。斜路が中心に横たわることで、明快に螺《ら》旋《せん》状の動線が形づくられるからです。斜路ももちろん、円柱と円柱のあいだを通過していきます。ドミノ・システムではグリッドの外側に付随していた上下移動装置は、サヴォワ邸ではグリッドの中に埋め込まれ、上下方向の運動も列柱の中で行われるようになりました。斜路は、建物全体を人の連続的な動きの場へと変えていくのに大きな役割を果たしました。実現したサヴォワ邸の最終案では、この建物は行き止まりを極力なくし、ずっとつながっていく動的なプランになっています。

ル・コルビュジエによれば、二〇世紀の人間はもはや建物の中でじっとしていることなく、健康的かつ能動的に動き回る存在だといいます。近代建築の五原則におけるピロティの導入は、建物の建設による土地の占有を防ぎ、土地を建物から解放することが一義的な目的でした。またもう一つの原則である屋上庭園は、建設によって失われる自然を屋上に戴《いただ》くことによって緑と太陽を近代人が享受できるようにするためのものでした。そして地上のピロティから屋上庭園まで、連続する動線でつながっていくのです。そしてその過程では、内部と外部とがパララックスの効果によって複雑に関係し合います。ちょうど廃墟のギリシャ神殿で、崩れた壁を通して外部の自然が列柱のあいだから透けて見えることによっ

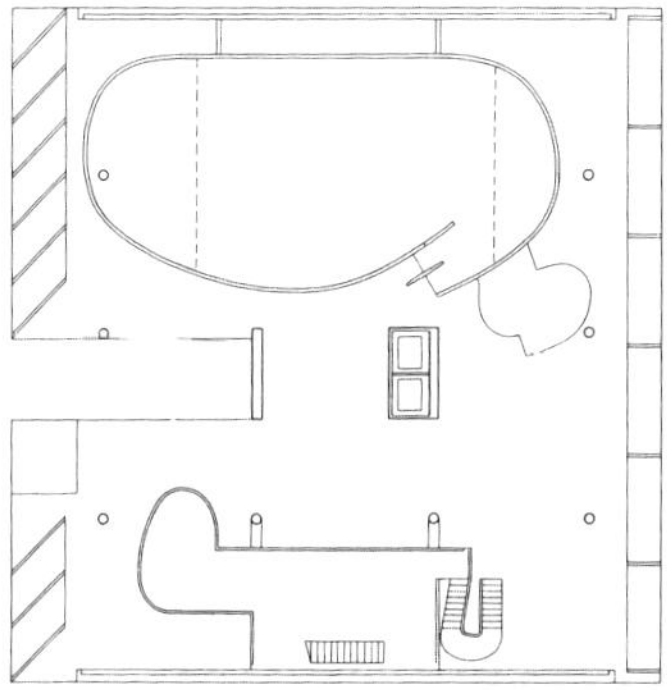

4階

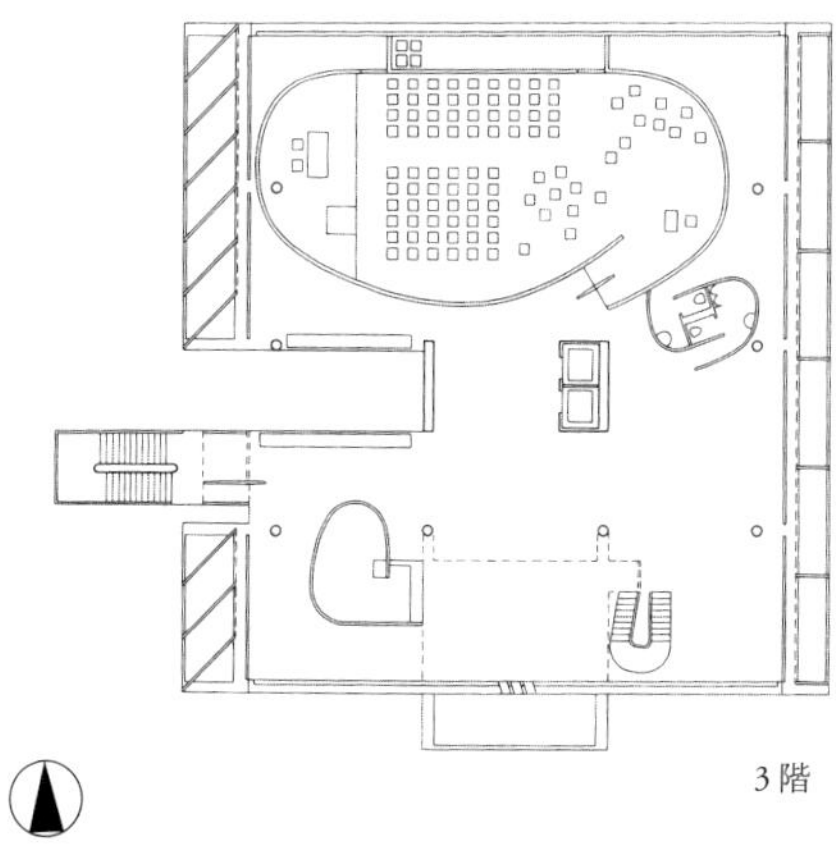

3階

ル・コルビュジエ「繊維織物業協会ビル」1954年　平面　S=1:600

て、めくるめくパララックス効果が発見されたときのように。

柱と運動

ル・コルビュジエは、こうした「建築的な散歩」の発見によって、静的だった一九世紀の建築に運動の知覚を導入することになりました。しかし運動とはいっても、サヴォワ邸における運動は順路がほぼ定まっていて、ル・コルビュジエのシナリオ通りに進むいささか拘束力の強い退屈な運動ではないでしょうか。映画に興味を持っていた彼らしく、それは映画的な運動の模倣だとさえ言っていいはずです。そのことは、彼がよくわかっていたはずです。もしそうでなければ、彼の第二次世界大戦後の作品群の、あの四方八方に展開する破天荒な魅力あふれる運動の場は生まれなかったでしょうから。

インドのアーメダバードに建つ繊維織物業協会ビル(一九五四)。建物全体が屋外化された巨大なグリッドフレームの円柱の中に、渦巻き状の曲線壁があちこちで空間をつくり出しています(二三頁)。ここでは動線は自由な選択肢をちりばめて散逸していきます。何と自由で楽しい空間なのでしょうか。同じくインドのチャンディーガルの議事堂(一九六二)は、巨大な鉄筋コンクリートの列柱空間の中に円錐状の議事堂が挿入されています。余白の列柱空間の自由さは、サヴォワ邸の厳密な動線計画とは一線を画しているように見えます。ここには映画や音楽といったメタファーで記述されることを超えた、建築に特有の運動が生成しているような気がしてなりません。

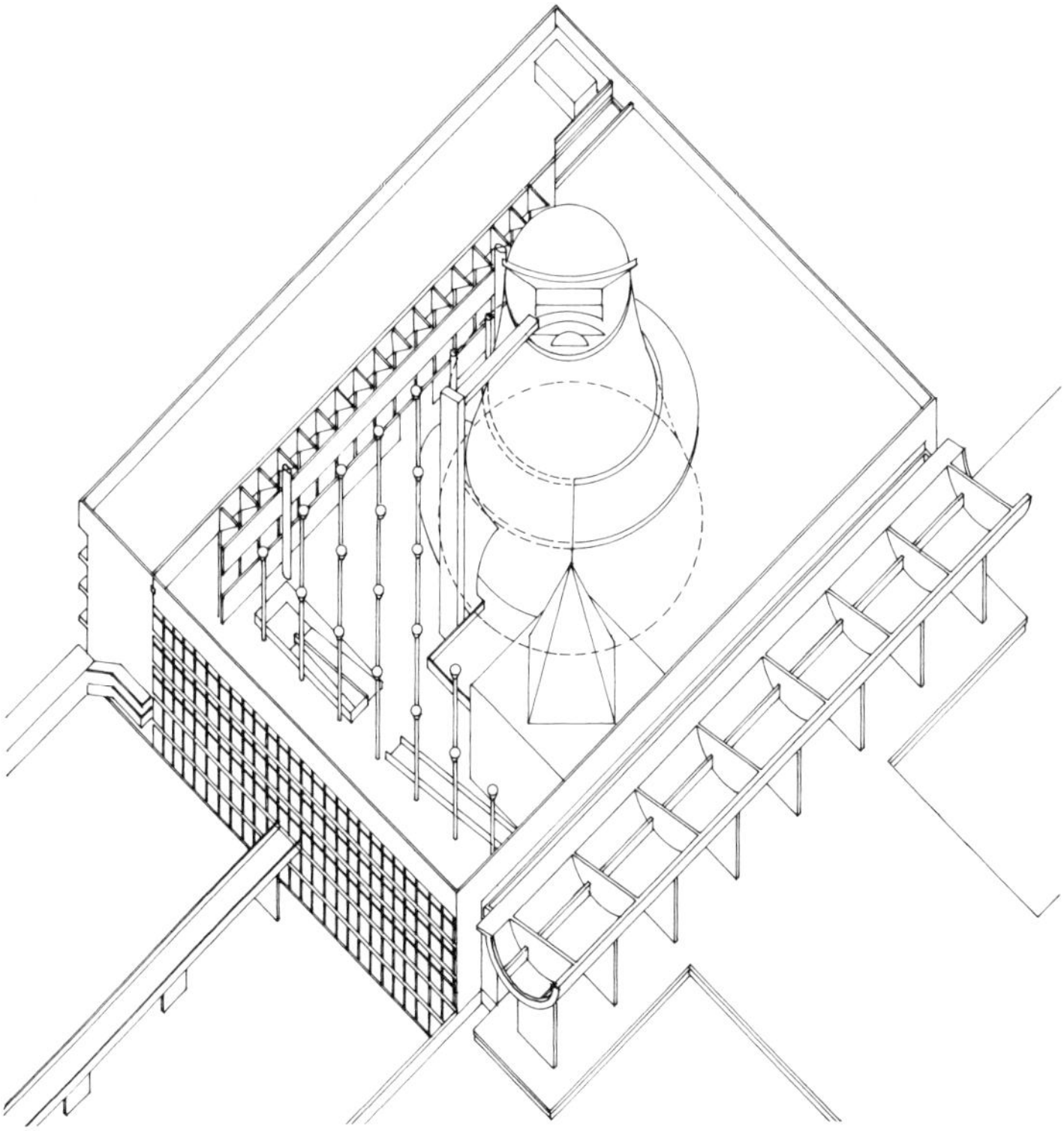

ル・コルビュジエ「議事堂」1962年　アクソノメトリック

反転する構築［十字柱］

ミース・ファン・デル・ローエ

柱の発見

バルセロナ・パヴィリオン（一九二九）を設計している最中に、ミース・ファン・デル・ローエはある発見をします。彼はその発見の革新性を確信して、珍しく興奮した素振りを見せたことが伝えられています。壁の構成によってスタディがはじめられたこの建物の中に、彼は独立柱を見出したのです。壁に鉛直荷重と水平力とをともに担わせる代わりに、鉛直荷重は壁とは切り離された柱に担わせる。もしかしたら水平力までも柱に負担させることができるかもしれない。この可能性に気づいた彼は、壁から完全に自立した柱のシステムを構想しはじめたわけです。

これまでミースの設計した建物に柱が現れたことはありましたが、それはテラスを囲うロッジアなど部分的なものにとどまっていました。しかし今回柱は建物全体の架構にかかわるシステマチックなものとして使われはじめました。結果として柱だけで構造を解ききることはできなかったこの建物では、柱のシステムと壁のシステムとが並立するかたちとなりました。そしてそのことこそが、バルセロナ・パヴィリオンの特異な空間効果を導き出すことになったのです。

ル・コルビュジエと同じようにミースもまた、観察者の位置の変化にともなって、対象物が見えがかり上移動して見えるパララックス効果に魅了された一人でした。ミースが尊敬してやまない一九世紀の新古典主義建築家カール・フリードリヒ・シンケルの建物を通して、パララックス効果を発見していたのです。シンケルが範例としていた廃墟の古代ギリシャの列柱を、ミースはシンケルを通して透かし見ていたのです。ミースがバルセロナ・パヴィリオンで発見した列柱には、パララックス効果を引き起こそうとする意図を見て取ることができます。縞瑪瑙《しまめのう》の壁、ガラス面、外部の風景。これらの異なる要素と列柱群がかかわり合いながら、訪れる人が動くにつれてめくるめくような効果が生まれてきます。

十字柱

バルセロナ・パヴィリオンやチューゲントハット邸（一九三〇）において用いられた、四本のアングルを組んでクロームメッキのプレートで包まれた十字柱は、ミースに固有のディテールです。なぜミースは、柱の形態を十字にしたのでしょうか。

とくにチューゲントハット邸の十字柱は、曲面の湾曲が大きいため四本の柱が束ねられているようにも見えます。それはゴシック建築の束柱を想い起こさせます。ゴシック建築において束柱は、力の流れを可視化させながら、細く垂直性を強調する役割を果たしていました。たしかに十字形にすることによって見えがかりのプロフィールを薄くすることができ、また四方向への梁の存在を暗示させ力の流れを指し示します。

特徴的なのはクローム・メッキの鏡面仕上げです。眼に映るそれは、周囲の風景を写し込みながら輝き、決して自身を消去しようとしているようには見えません。むしろそれは、眼に見えない空気のエッジを形成し、積極的に不可視のヴォイドを定義している存在のように見えます。それによって、建築として構築されてはいない不可視のヴォイドがリアルな存在として提示されているのではないでしょうか。ミースは、物質的な構築の主題を一つ一つ生み出してはそれに解決を与えるというやり方をしているのではありますが、その物質的な構築そのものが、ディテールの水準においていわばくるりとひっくり返され、反転して物質のネガが提示されるという仕組みになっているようでもあります。十字柱に限らず、ミースのディテールはすべからくネガとして不可視の存在を反映しているように感じられるのです。

ミースの建築においてディテールが決定的な鍵を握っているとすれば、その具体的な効果の一つは、物質的な構築とそのネガとしての眼に見えない空間のヴォリュームとがディテールという蝶番、シフターを介して等価に置かれている点ではないかと思います。劇的な空間の発生のために奉仕するバロック的な構築から遠く離れて、あるいはまた空間が構築に隷属して残余空間と化すこともなく、ただ単に構築と空間とが同一の水準に置かれてしまっているという事実には驚かされます。

バルセロナ・パヴィリオンの汲み尽くしえない面白さは、大理石の壁も十字柱もガラス面もヴォイド

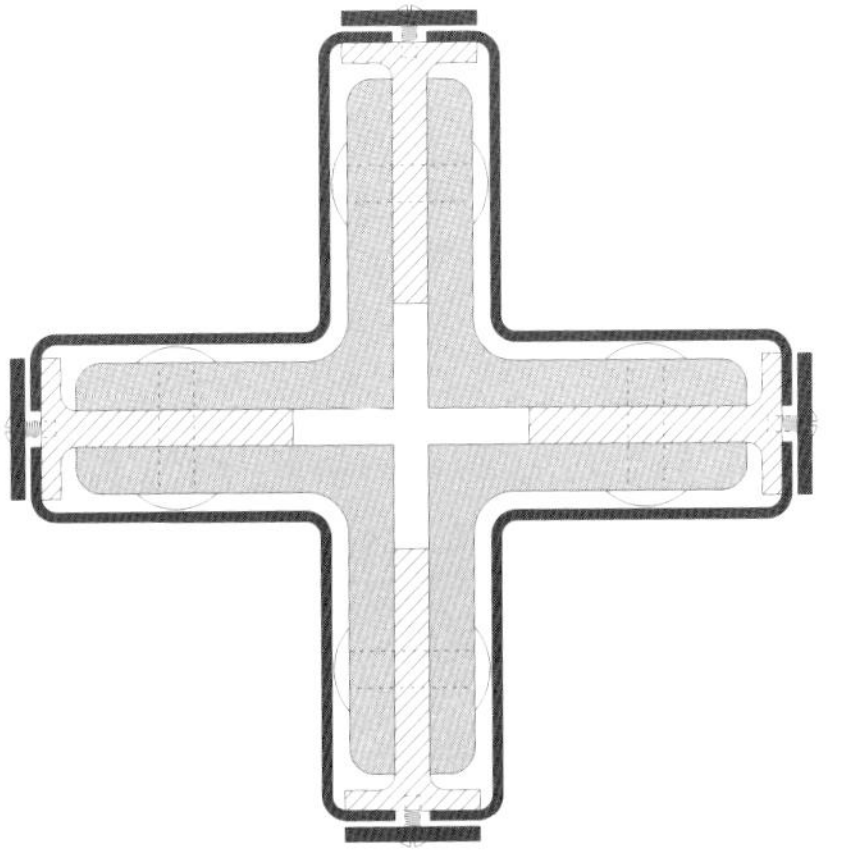

十字柱の詳細
上：ミース・ファン・デル・ローエ「バルセロナ・パヴィリオン」1929年。下：「チューゲントハット邸」1930年。4本のアングル材を組み合わせてボルト締めした上で、クロームメッキの板金をかぶせている

も、それぞれがあたかも別々の秩序を持ってばらばらに基壇の上に同時共存しているようにも見えるし、部分的に関係し合っているようにも見えて、全体が掌握しきれないところにあります。

バルセロナ・パヴィリオンの奇妙な構築形式は多くの論者によって指摘されていますが[14]、柱が基準モデュールを決め、それにしたがって壁やガラス面の位置が決定されるのでもなく、トラバーチンの割付けがモデュール寸法と合致するにもかかわらず、ガラス面の単位寸法は微妙にずれていたりして、多くの矛盾を抱え込んでいるわけです。全体を統御していく専制的な構築形式があるというよりは、全体へと統御しえないことがその特性となっているかのようです。

あるいはまた一連のコートハウスにおいても、柱のシステムと壁のシステムは齟齬をきたし、決して調停されることがありません。コートハウスを構成するエレメント群が、庭も柱も壁もあたかもただ同じ場所の中に互いに無関心に投入されているかのようでさえあります。一つの囲い込まれた閉域の中に投げ込まれた統合しえぬ全体。そしてこの統合しえぬ全体をつなぎとめているのが、人の動きなのです。

ミースの建築ディテールのことなら、もはや誰もがあの精巧なディテールの数々を想い描くことができるでしょうし、今更ながらその見事さを賞賛してみせたところでほとんど蛇足となるには違いないのですが、それでもここであえて再びミースのディテールに注意を喚起してみたい誘惑にかられるのは、ミースをミニマリズムの美学的イデオロギーに回収しようとする運動にあらがって、ミースのディテールのいわば「倒錯的な」側面を強調しておきたいからなのです。

「バルセロナ・パヴィリオン」アクソノメトリック
基壇部分に埋め込まれた片持ち柱によって、繊細なプロポーションの骨組みが可能になっている

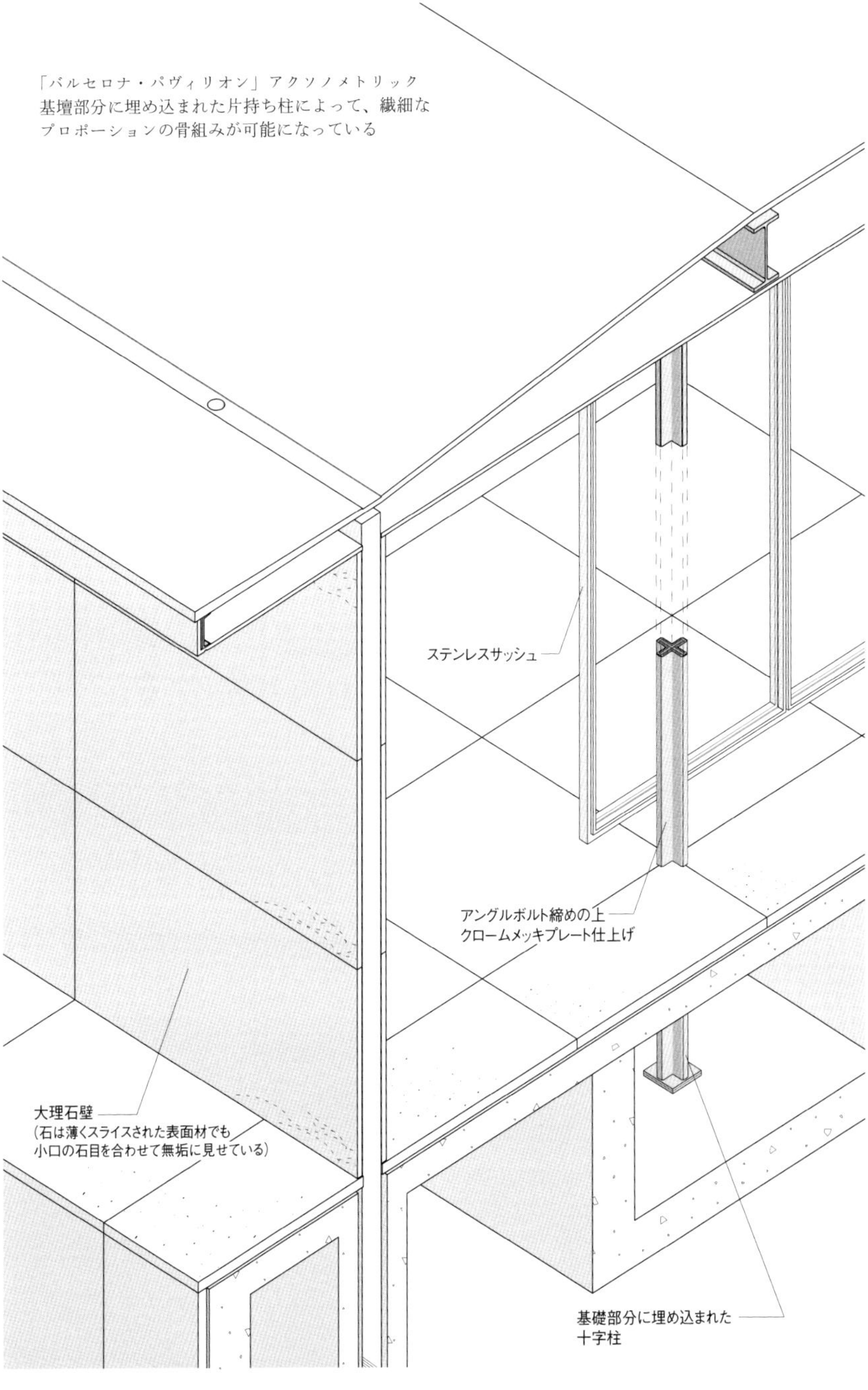

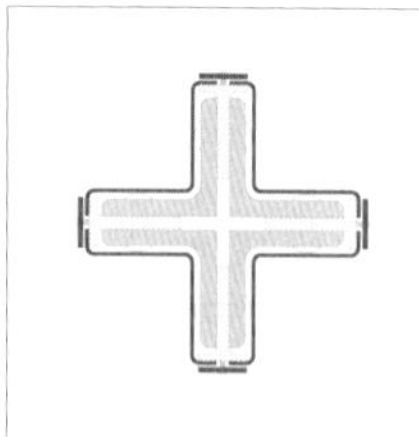

十字柱

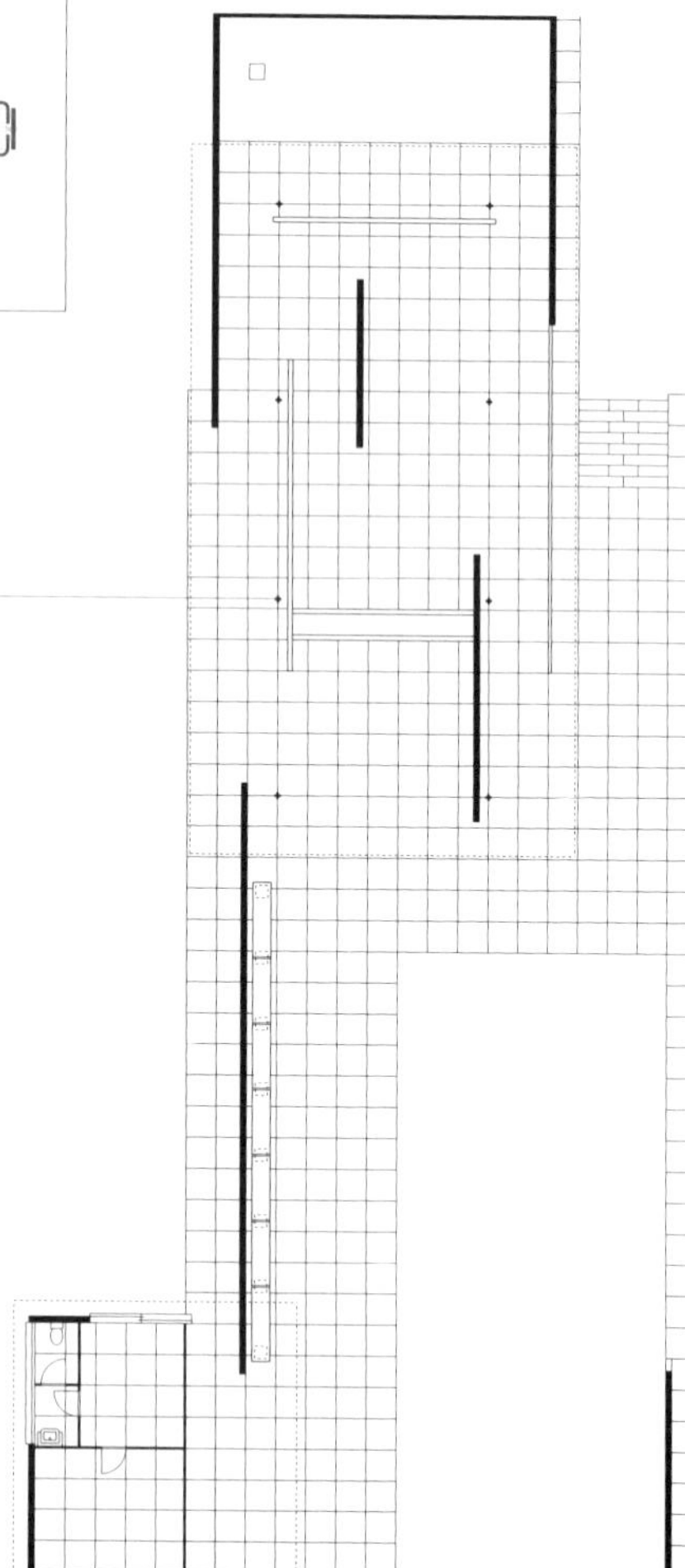

「バルセロナ・パヴィリオン」平面

例のミースの「Less is more」という理念を出発点として、基本的に形態をミニマムにしているという基準によって安藤忠雄やヘルツォーク&ド・ムーロン、アルヴァロ・シザらの建築群がグルーピングされることがしばしばありますが、そもそもミニマリズムと美学とは無縁なのだし、ミニマリズムという理念の抽象性の埒外へとこれらの建築群を解き放つ必要があるように思うのです。

部分の反逆

しばしば引き合いに出されるフィリップ・ジョンソンのグラス・ハウス(一九四九)とミースのファンズワース邸(一九五一)。ともに鉄骨とガラスによる箱形の構築であるにもかかわらず、この二つの建築が与える印象は著しく異なっています。この印象の違いを引き起こすものは、端的にディテールであると言っていいでしょう。ジョンソンのグラス・ハウスがガラスの箱による透明性の即物的な提示となっており、容易に一つの全体を構成してしまっているのに対し、ファンズワース邸はそのディテールの力によって硬直的な全体性を解体しえているからです。

私たちは、ディテールの集積によって建築作品という全体が成立していると考えるのが一般的です。たとえばルイス・カーンの建築を眼にするとき私たちが感嘆するのは、ディテールが全体へと統合されていく手つきの鮮やかさであり、一つ一つのディテールが全体を成立させるために奉仕し合い、意味ある部分として位置づけられている点ではないでしょうか。

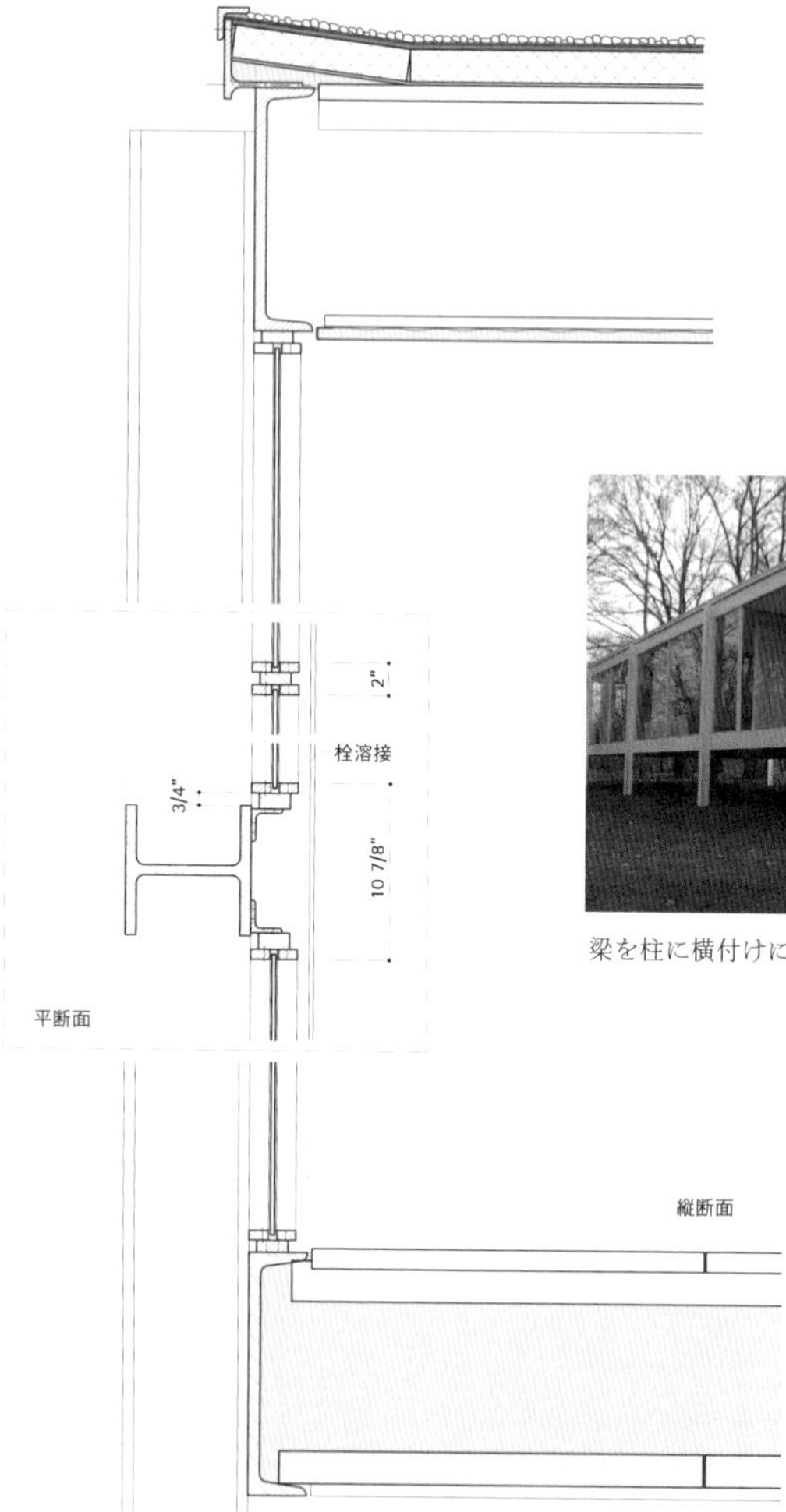

梁を柱に横付けに溶接している架構

ミース・ファン・デル・ローエ「ファンズワース邸」1951年　開口部詳細

ミース・ファン・デル・ローエ「新国立ギャラリー」1968年

単純な対比と抽象化は慎まなければなりませんが、ミースの建築に接するときに受ける感覚はそれとは微妙に異なっているように感じられます。建築に近づいていき、徐々に視像の解像度が上がっていくにしたがって、全体からディテールへと視線は推移していくわけですが、ディテールから全体を再構成しようとすると途端に全体がぼやけてしまうようです。ミースの建築が還元という操作によって成り立っているということはたしかですが、しかしそれは建築の要素を本質的なものへと純化していくというのとは異なっているように思うのです。建築全体のヒエラルキーの下位要素としてディテールが行儀よくおさまっているわけではなく、ディテールが全体を横溢してしまっているように見えるからです。

たとえばファンズワース邸にせよ新国立ギャラリー（一九六八）にせよ、ミースはコーナーに柱がくることを極力避けています。コーナーに柱がくることによって箱

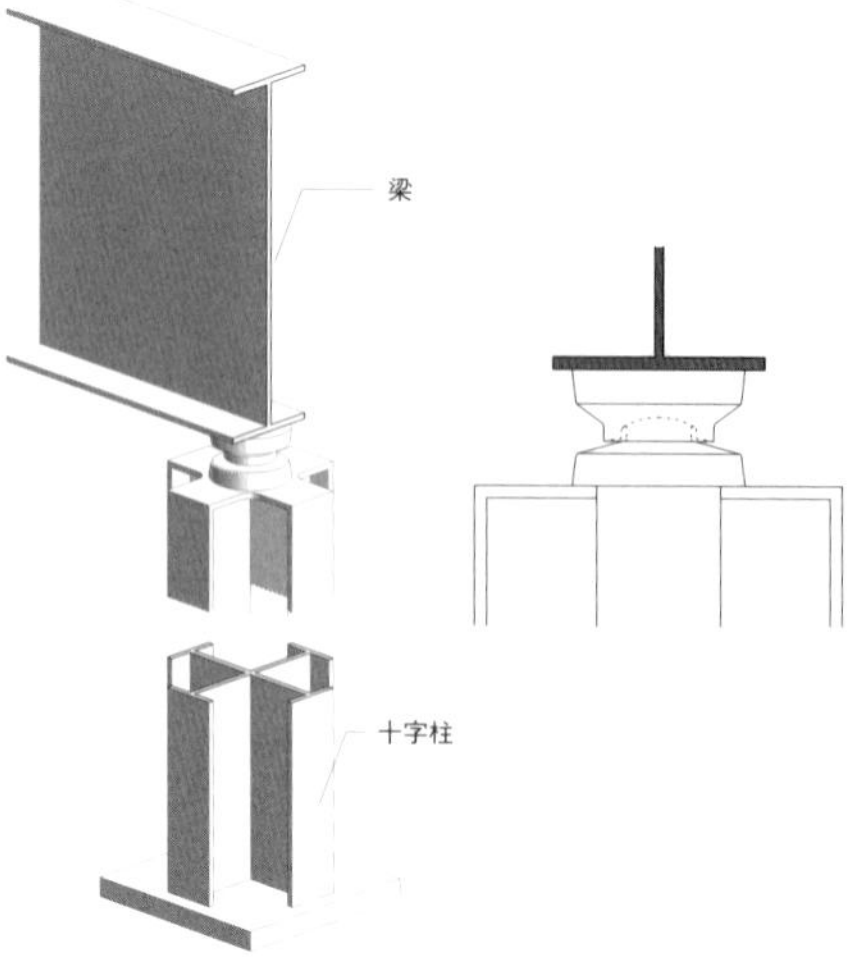

「新国立ギャラリー」柱詳細

が完結し、即物的な表現になると同時に、構築と空間とのあいだに硬直化したヒエラルキーが発生するからです。シーグラム・ビル（一九五八）やＩＩＴ同窓会館（一九四六）のようにコーナーに柱がくる場合には、意図的に四隅を欠き取っている。これはちょうど、バルセロナ・パヴィリオンにおける十字柱が反転したものであるかのようです。

たとえばかつてパラッディオは、柱の配列によってコーナーに生じる矛盾を解決するのに、もう一本柱をコーナーに置くことでコーナーを強調することをしばしば行いました。ミースは逆にコーナーを欠き取り、そこにいわばネガティヴなヴォリュームをつくり出します。それによって箱は、視覚的には複数の要素に分解されます。欠き取られたコーナーは、建築のヒエラルキーの統合化を回避する方向性を与えることになるのです。

森の結構［マッシュルーム・コラム］　フランク・ロイド・ライト

マッシュルームの隠喩

鋳鉄製のピン接点の柱基から立ち上がる白く細い鉄筋コンクリートの柱が自立して、二層吹き抜けの空間に延び上がっています。柱基のジョイント部分をライトはカラスの足と名づけています。柱基の部分の円柱の径は約二七〇ミリ。上を見上げれば柱は徐々にその径を太くさせ、頂上に至るといっそう膨らみながら四方へと庇を延ばしています。高さは六メートル。柱を中心にして円形のスラブが持ち出されていて、それはまるで傘を広げたかのようです。マッシュルーム・コラムと名づけられたこの柱は、文字通り茸のように床から生えて空間を覆っています。コラムの部位は、茎や花弁など植物学の用語で呼ばれていました。

床用ワックスのメーカー、ジョンソン・ワックス本社ビルの事務室館。二七〇〇平方メートルの巨大な執務空間をさらに二層吹き抜けにして、外周部を鉄筋コンクリートの壁体で覆っています。ヒュー

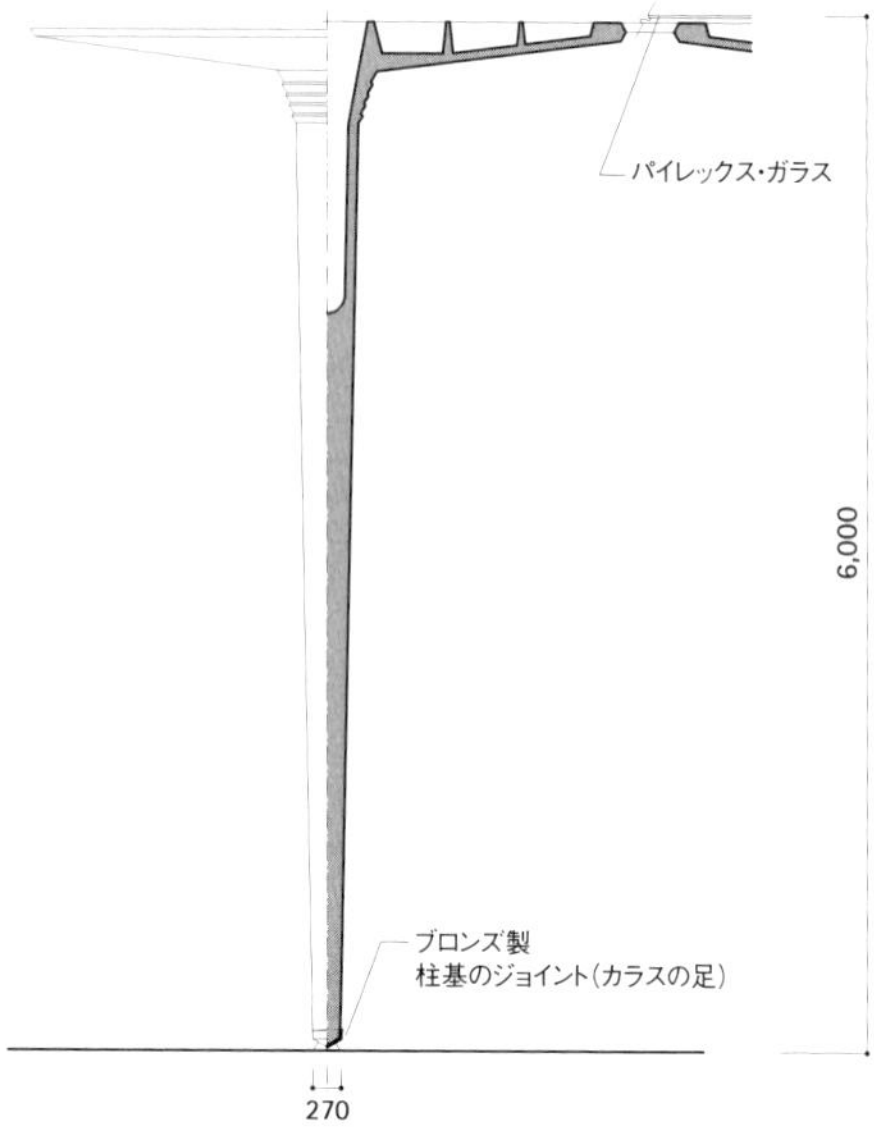

フランク・ロイド・ライト「ジョンソン・ワックス本社ビル」
1939年　無梁版構造システム

マン・スケールをはるかに超えたこの大空間の中に、マッシュルーム・コラムを均等に、少し距離を離して配置していきます。茸のかさ状のスラブとスラブのあいだは二方向に頭つなぎを設けて連結されていきます。そしてかさの余白部分にはパイレックス・ガラスがはめ込まれ、室内に上空からの光を導いています。

まるで茸が群生する森の地表に立って昆虫の視線で上空を見上げたか、あるいは睡蓮の咲き乱れる池を魚の視線で水中から見上げたかのような世界が、建築空間として立ち上がっています。そこにはスケール感覚を心地よく錯乱させるメカニズムがあります。膨大な気積の大空間であり森の雄大なスケールを感じさせる一方で、人ひとり分の居場所が確保されてテリトリーが形成されているように感じられるのです。雄大なスケール感とテリトリー形成という矛盾。これはきっと心地よい矛盾なのではないでしょ

次頁：「ジョンソン・ワックス本社ビル」事務室内観
土木学会土木図書館所蔵

うか。この矛盾の両立に役立っているのが、この架構システムであることは間違いありません。

無梁版構造

このマッシュルーム・コラムのような柱が直接スラブを支持する無梁版構造の起源は、ロベール・マイヤールの構造設計にまで遡ることができます。[15] ここで無梁版構造の起源をたどってみましょう。そのためにはまず、鉄筋コンクリート技術の歴史に触れる必要があります。鉄筋コンクリート技術は、一九世紀を通して徐々に建築の構法として確立されていくことになりました。ルイ・ヴィカによる水硬性セメントの発見、ジョセフ・モニエの補強ワイヤー技術などのプロセスを経て、一九〇四年にはアナトール・ド・ボドーによるサン・ジャン・ド・モンマルトル教会が竣工して鉄筋コンクリートによる建築の可能性が開かれていったわけです。鉄筋コンクリートの構法を規格化し、社会に定着させることに最も大きな力を果たしたのが、フランソワ・エヌビックでした。

エヌビックは鉄筋コンクリートによる柱梁構造を確立させました。彼の功績は鉄筋コンクリートのモノリシックな性質を生かして柱と梁を剛接合し、さらに梁と床スラブとをT字型に接合する規格を成立させたことです。[16] 組積造の構法と決定的に異なるこの線材による構築は、その施工性や経済性も相まって一九〇〇年頃から飛躍的に発展することになります。鉄筋コンクリート建築のパイオニアとして知られるオーギュスト・ペレも当初はエヌビックと組んで仕事をし、その弟子ル・コルビュジエもまたエンジニアであるマックス・デュ・ボワを介してエヌビック・システムを吸収してアレンジし、ドミノ・システムを考案していくことになります。ル・コルビュジエのピロティは、まさにエヌビック・システムの恩恵にあずかっているのです。エヌビックは、二〇世紀建築の基本フォーマットをつくり出したと言っても過言ではないはずです。

しかし、液体状のセメントを型枠に流し込んで成形する鉄筋コンクリートの構法から柱と梁の組み合わせをつくり出すのは、決して素直な解決とは言い難いものがあります。木造のような線材を利用して組み立てるならばともかく、液体を線に変換するわけですから飛躍があります。なぜこのような飛躍が生まれたのでしょうか。ここには、建築家とエンジニアが鉄筋コンクリートという素材に投影させた歴史意識というバイアスがかかっているのです。

鉄や鉄筋コンクリートの建築の成立に大きな影響を与えたヴィオレ゠ル゠デュクは、ギリシャ建築とゴシック建築をとりわけ評価しています。[17] それらは組積造でありながら柱による構築であり、部分部分の機能分担が明確で合理的な関係性を持っています。デュクによればとりわけゴシック建築は機能分担が明確で、たとえばリヴ・ヴォールトが荷重を担い力を伝達するのに対して、屋根面のパネルは非耐力面として純粋に覆いの機能に徹しているといいます。

デュクやその後継者と言っていいオーギュスト・ショワジーの歴史理論は、一九世紀末を生きる同時代の建築家たちにとって、新しい建築を生み出す指針となっていきました。いささか乱暴に要約すれば、ギリシャとゴシックの統合に新しい建築の未来を考えたと言えます。そのときに重要な主題となったのが、構造の自立でした。「構造structure」という言葉が、「構築construction」という言葉から枝分かれして用いられはじめたのがこの時代です。[18] 目に見えない機能を表していた「構造」という言葉は、構造材という物質にフェティッシュ化され特定されていきます。その結果として現われてきたのが、エヌビックの柱梁構法だったわけです。

ところがエヌビック・システムから出発したエンジニアであるロベール・マイヤールは、エヌビック・システムに不満を抱きます。床スラブまでも一体成形で打ち込んでいるにもかかわらず、床スラブ全体が構造に参加しておらず、鉄筋コンクリートという素材自体から導き出された構法ではないというのです。それは、木造の模造にすぎないというわけです。そこでマイヤールは、梁を介さずに柱が直接床スラブを支持する無梁版構造へと進んでいきます。

この構法では、曲げモーメントがかかる柱頭部分ではその力に応じて径は膨らみ、柱と床スラブが連続していきます。液体を流し込むコンクリートという物性とこの形態はとても相性がいいことにもなります。アメリカでも一九〇七年にはターナーが無梁版構造を試み、一九三二年にはE・オーウェン・ウィリアムズがブーツ工場においてマッシュルーム・コラムとフラットスラブの構法を成立させています。ジョンソン・ワックス本社ビルのマッシュルーム・コラムは、こうした構法の歴史の中に位置づけることができます。デュクの歴史思想の中から、柱梁構法と無梁版構法という二つの対極的な新しい構法が枝分かれして生み出されていった過程が興味深いのではないでしょうか。

有機的建築

フランク・ロイド・ライトは、有機的建築という概念で知られています。有機的という言葉からは、生物のかたちを連想させるような曲線的なイメージが喚起されやすいと思われますが、ライトの言う有機的という形容詞は、そうしたイメージからつくり上げられたものではないようです。彼の理論は、直接的にはルイス・サリヴァンの装飾理論から受け継がれています。[19] たとえば植物の形態が単純なプラトン立体の組み合わせから徐々に複雑な多面体へと変態していくという考え方を建築へと拡大解釈したものだと考えることができるでしょう。

ライトにとって建築とは、自然の要素を純粋に幾何学的な表現手段によって抽象することです。ですから具体的な生物のかたちをなぞることではありません。生物が無数に分節され、機能分担がほどこされた細胞の関係性によって成立し、生物多様性が生み出されているのと同じように、建築もまた細分化された要素が機能的に組み合わさって複雑な全体を形づくるべきであるとライトは考えます。ここにもまた、生物学の比喩によって建築の構造を語ったデュクの遠い谺を読みとることができます。

エヌビックも構造の機能性を意識して柱梁構法を導き出したことはたしかですが、柱梁構法は全体の骨格構造を抽象化して取り出しているため、全体から部分へとトップダウンで関係づけられるヒエラルキーが厳然と存在しています。それに対してライトの無梁版構法は、部分が先行しているように思われます。柱基をピン接合とし、スラブ同士を頭つなぎで接合していることから、マッシュルーム・コラムとスラブのユニットを純粋に自立した構造単位として考えることには無理があるかもしれませんが、小さい単位が隣接関係によって接合し続けていくルールは、明らかにエヌビック・システムとは遠く隔たっています。

そしてジョンソン・ワックス本社ビルのあの森の感覚を生み出した要因が、まさにこの構法だったのだと気づくことになります。広大な森の中に目に見えない地勢、テリトリー、境界をつくり出しているのが、単位を隣接させていくルールだったわけです。

このような小さな単位の隣接関係によって建築をつくる方法は、ライトによって徹底的に試みられています。彼は鉄筋コンクリートという素材がモノリシックでのっぺらぼうなものであり、個性を欠いていると考えていました。そこで彼はコンクリート・ブロックに着目し、ブロックの単位を積層してその隣接関係によって空間をつくっていく試みに取り組んだのです。ライトの複雑な装飾はこうして生み出されました。ライトにとって、装飾は構造と対立するアクセサリーではありませんでした。植物が構造と装飾に分節化することが不可能ですべての部位が関係し合いながら生命を維持しているのと同じように、ライトにとって建築は小さな単位の隣接関係によってつくり出されるものだったのです。

I 註

1 Gottfried Semper, *Style in the Technical and Tectonic Arts; or, Practical Aesthetics,* Trans. Harry F. Mallgrave, Michael Robinson, Getty Research Institute 2004. また、Kenneth Frampton, *Studies in Tectonic Culture: The Poetics of Construction in Nineteenth and Twentieth Century Architecture,* MIT Press, 2001. 邦訳：ケネス・フランプトン『テクトニック・カルチャー：一九－二〇世紀建築の構法の詩学』松畑強訳他、TOTO出版、二〇〇二年。

2 ペレの鉄筋コンクリート建築の特質については、ピーター・コリンズの古典的な研究がある。Peter Collins, *Concrete: The Vision of a New Architecture,* Faber and Faber, 1959.

3 柱梁構法の成立をめぐる木造の役割については、レイナー・バンハムが簡潔に指摘している。Reyner Banham, *Theory and Design in the First Machine Age,* Architecural Press, 1960. 邦訳：レイナー・バンハム『第一機械時代の理論とデザイン』石原達二・増成隆士他訳、鹿島出版会、一九七六年。

4 Marc-Antoine Laugier, *Essai sur l'architecture, la Veuve Deratour,* 1753. 邦訳：マルク＝アントワーヌ・ロージェ『建築試論』三宅理一訳、中央公論美術出版、一九八六年。

5 原始の小屋のイメージの歴史的変遷については、以下に詳しい。Josef Rykwert, *On Adam's House in Paradise,: The Idea of the Primitive Hut in Architectural History,* MIT Press, 1981. 邦訳：ジョセフ・リクワート『アダムの家：建築の原型とその展開』黒石いずみ訳、鹿島出版会、一九九五年。

6 Viollet-le-Duc, *Entretiens sur l'architecture,* A.Morel et Cie Éditeur, 1863. 邦訳：ヴィオレ＝ル＝デュック『建築講話1』飯田喜四郎訳、一九八六年。

7 Auguste Perret, *Contribution à une théorie de l'architecture, in Auguste Perret, Anthologie des écrits, conférences et entretiens,* le Moniteur Editions, 2006. 邦訳：オーギュスト・ペレ「建築理論への寄与」吉田鋼市訳（所収：『オーギュスト・ペレ』吉田鋼市、鹿島出版会、一九八五年）。

8 Le Corbusier, *Une Maison – Un Palais,* Fage édtions , 1928. 邦訳：ル・コルビュジエ『住宅と宮殿』井田安弘訳、鹿島出版会、一九七九年。

9 H. Allen Brooks, *Le Corbusier's Formative Years :Charles-Edouard Jeanneret at La Chaux-de-Fonds* , The University of Chicago Press, 1997.

10 マックス・デュ・ボワは、ル・コルビュジエの旧友でエンジニア。Emil Mörsch, *Der Eisenbetonbau, seine Theorie und Anwendung,* Stuttgart, K. Wittwer, 1908. の仏訳者。

11 Le Corbusier, *Œuvre Complète Volume2,* Les Editions d'Architecture, Zurich, 1964. なおパララックスとル・コルビュジエの関係については、以下を参照。Yve-

Alain, Promenade pittoresque autour de Clara-Clara, in *Richard Serra*, Exhibition Catalogue, Centre Georges Pompidou, 1983.

12　Auguste Choisy, *Histoire de l'architecture*, 1899. 邦訳：オーギュスト・ショワジー『建築史』桐敷真次郎訳、中央公論美術出版、二〇〇八年。

13　Peter Collins, *Changing Ideals in Modern Architecture*, Faber and Faber, 1965, p27-28.

14　八束はじめ『ミースという神話：ユニヴァーサル・スペースの起源』彰国社、二〇〇一年、第三章「神の家」ほか。

15　山本学治『山本学治建築論集2　造形と構造と』鹿島出版会、一九八〇年、一一〇頁。

16　フランソワ・エヌビックの構法については、以下に詳しい。Gwenaël Delhumeau, *L'invention du béton armé: Hennebique 1890-1914*, Éditions Norma, 1999.

17　Viollet-le-Duc, *Entretiens sur l'architecture*, A. Morel et Cie Editeur, 1863. 邦訳：ヴィオレ＝ル＝デュク『建築講話1』飯田喜四郎訳、一九八六年。

18　構造の概念の成立については、以下が簡単な見取り図を与えてくれる。Adrian Forty, *Words and Buildings: A Vocabulary of Modern Architecture*, Thames and Hudson, 2004. 邦訳：エイドリアン・フォーティー『言葉と建築』坂牛卓他訳、鹿島出版会、二〇〇五年。

19　Kenneth Frampton, *Studies in Tectonic Culture: The Poetics of Construction in Nineteenth and Twentieth Century Architecture*, MIT Press, 2001. 邦訳：ケネス・フランプトン『テクトニック・カルチャー：一九－二〇世紀建築の構法の詩学』松畑強他訳、TOTO出版、二〇〇二年。

II

インターフェースの変容

部材と部材が出会う場所にディテールが生まれ、そこに固有の思考がつくり出されます。前章では柱という線的な部材に着目して、そこに込められたディテール思考を追求してみましたが、この章ではその出会いの場所をもう少し面的にとらえて、境界面をイメージしてみたいと思います。

ある領域と領域が境を接する面に着目しながら、そこに生まれる建築思考を微細にたどってみることはできないでしょうか。たとえば、内部と外部を隔てる外壁面や窓面。その表面の特性や素材自体の変化によって、境界のあり方も大きく変わってくることでしょう。インターフェースとは、異なるもの同士の境界面を指す言葉です。コンピュータの世界では、人工言語によって出来上がっているコンピュータと、自然言語を使う私たちとのあいだをつなぎ、媒介するデヴァイスのことをインターフェースと呼んでいます。モニターやキーボード、マウスなど

は、私たちの感覚器官に合わせたかたちでコンピュータの世界とコミュニケーションをとるために開発されたインターフェースです。

内部と外部を境界づけることによって建築が生まれるとすれば、建築には常にインターフェースが備わっていることとなります。そして建築家たちはこのインターフェースの設計に最も力を入れてきたと言っても過言ではありません。環境の条件を読み解いた思考の帰結として、どのようなインターフェースが生み出されてきたのでしょうか。とりわけ一九世紀末以降の近代建築は、空間を可塑的にとらえて自由な操作対象としてきました。空間をつくり出すのは、それを囲い込む表面であることから、表面、つまりインターフェースへの関心が一気に高まっていった時代でもありました。近代に生み出された建築のインターフェースをクローズアップして見ていきましょう。

前頁：アドルフ・ロース
「ミュラー邸」（一九三〇年）
大きさやテクスチャーの異なる異質な部屋が集積している

上：ル・コルビュジエ
「ラ・トゥーレット修道院」（一九五九年）
地下礼拝堂に時間差で差し込む色づけられた光

次頁：ルイス・カーン
「イェール大学英国美術研究センター」（一九七四年）
コンクリートの表面に目地がつくり出す表情は、建築を分節化すると同時に不在の型枠を映し出す

多様性の設計［装飾］

アドルフ・ロース

装飾と犯罪

装飾は犯罪である。自分の身体に刺青をするのは変質者か犯罪者であって、それと同じように建物に装飾をほどこすのは、犯罪である。建築家アドルフ・ロースは、こんなセンセーショナルな言葉を残しています。[1] この言葉の強く扇動的なニュアンスが広く知られることによって彼は、装飾を否定して無機的な近代建築をはじめたといわれています。たしかにロースが設計した建物は、外側から見る限りではのっぺらぼうで素っ気なく、一九世紀までの西欧の様式的な建物に比べると無表情です。しかし、建物を無機的に味気なくデザインすることがロースの意図だったわけではないのです。彼の装飾批判の向かうところは別のところにあったのでした。

ロースが生きた一九世紀末のウィーンでは、室内空間に装飾をあふれさせてあらゆるものの表面を装飾で埋め尽くそうとするデザインが流行していました。ジョセフ・ホフマンがその代表でした。ロースにとって装飾とは、一つの様式できれいに統一された飾りで室内を満たすことでした。こうした装飾の何が、ロースにとっては問題だったのでしょうか。統一された様式は、それ自体で完結しています。照明器具からベッドの脚、壁紙から手すりに至るまで、同じ様式で統一しなければ気がすまない。どんどん装飾が繁殖していく。そして、そんな装飾の統一性の中に自分も同一化して満足感を覚える。こんな偏執的な装飾は、ちょうど刺青で皮膚の表面を覆い尽くそうとする欲望にも似て、病的である。一九世紀末の装飾は文化的な装いをしているけれども、その根底にあるのは原始的な欲望なのだとロースは暴き立てるわけです。

自分の顔を飾り立てたり身の回りのものすべてに装飾をほどこしたいという衝動が、造形芸術の起源でした。エロティックとも言えるこのような衝動から芸術ははじまっています。だからロースは装飾が人間にとっての基本的な欲望であることを認めています。しかし、そのような偏執的で原始的な欲望のままに近代を生き抜くことは許されないでしょう。装飾に頼らず、装飾にかたむけた欲望や労力をほかのことに向けた方が生産的でしょう。無装飾であることの潔さ。ロースにとって、無装飾は精神的な強さのしるしなのです。装飾は犯罪であるというロースの扇動的な言葉は、こんな背景の中から出てきたものなのです。

ジョセフ・ホフマン
「ファッションデザイン」1910年

近代の生活にはさまざまな雑多なものが侵入してきます。ましてや資本主義の発達にともなって、多種多様な消費物資が日常生活を侵食しはじめた時代でもあります。すべての身の回りのものをその様式で揃えていくことができるのならば、様式的な生活にもリアリティはあるでしょう。しかしもう近代の生活ではそういうわけにはいかなくなってきていました。さまざまな異質なものたちであふれ返る室内。避け難いこの近代的な状況に正面から向き合うためには、装飾をいったんきれいにクリアランスする必要があったのです。

一つの様式で統一された部屋は、住み手を束縛します。そこでは主役は様式であって住み手ではありません。住み手は様式に合うかどうかで新たに買う物を決める必要があって、その様式にふさわしい暮らしをすることが求められます。住宅は誰のものだろうか。ロースは問いかけます。住み手のものである。この当たり前の答えは、しかし後の近代建築家であるル・コルビュジエやミース・ファン・デル・ローエならば絶対に口にしなかったであろう言葉でしょう。住宅は住み手が自分でつくり上げるものです。住み手が自分の痕跡を刻みつけて、ほかでもない自分の部屋をつくり出していく。こうした住み手の行為を可能にするフォーマットを、建築家は設計することになるのです。生活の多様性を受け入れる器を模索すること。これは、とても現代的な問いでもあります。ロースの装飾批判の向かう先は、実はここにあったのです。

多様性の器

生活の多様性を受け入れるための場をつくり出すために、ロースは独特の設計手法を生み出していきます。「ラウムプラン」と呼ばれることになるロースの考え方は、決定的に新しい一歩を建築の歴史に刻み込んでいくことになりました。では、「ラウムプラン」とはどのようなものでしょうか。住宅の部屋割りを従来のように、各階ごとに平面で考えるのではなく、三次元の空間、立体において考えること。イマヌエル・カント以前においては、人間は、まだこのように立体的にものを考えることはできなかったけれども、チェスを三次元の立体格子において遊び興ずることが将来は可能になるのと同じようにして、三次元の空間を直接操作して住宅を計画することになるだろう、とロースは言います。

三次元のチェス。想像しただけで気が遠くなりそうです。二次元のチェスでも、そのオペレーションは複雑なのに、それが三次元に展開したら一体どうなるのでしょう。建築は平面的な二次元の思考に基づいています。設計をするときも人は、だいたい平面図を描きながら間取りを決めて、そこに高さ情報を与えて立面や断面を決めていくことが多いでしょう。しかしそれでは、二次元をただ組み合わせたことにしかならないとロースは言うのです。たとえば、ルネサンス時代の彫刻家ミケランジェロは、平面的に彫刻や建築を構想していませんでした。彼は対象をあらゆる角度から同時に見据えて直接空間そのものを操作していたのです。同じように近代の建築家は、空間を直接三次元的につくり出すことが必要

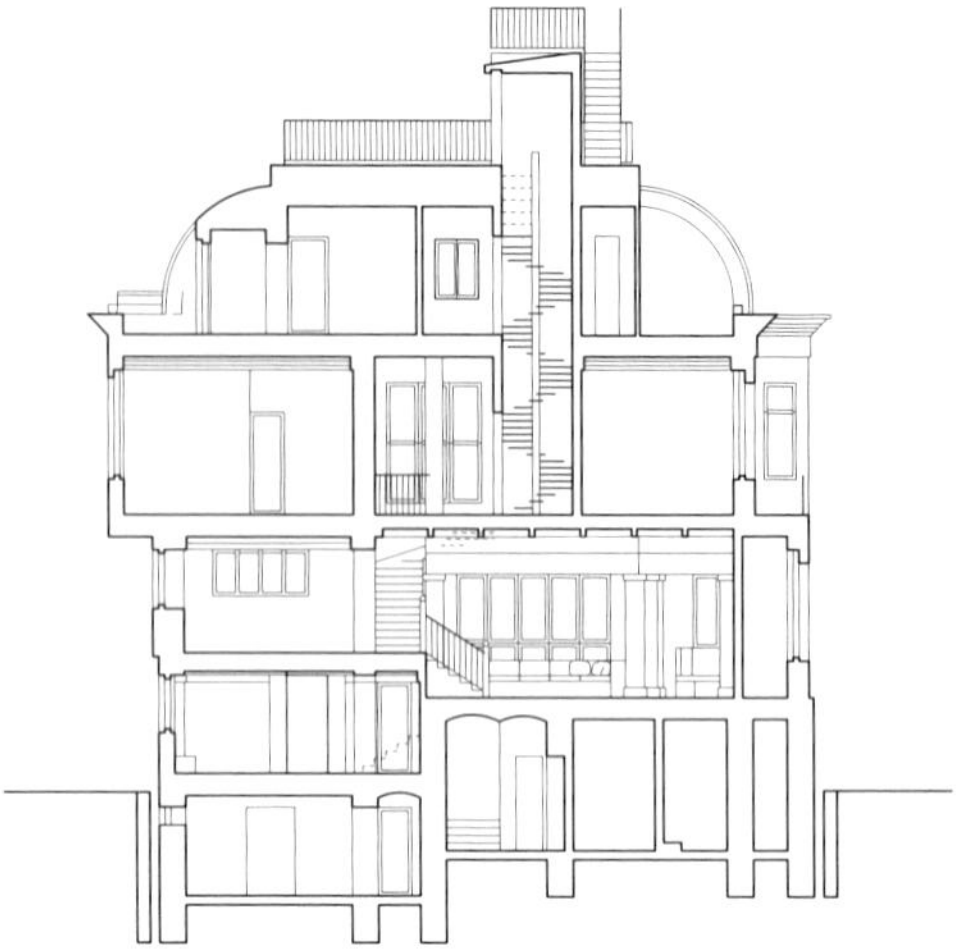

アドルフ・ロース「シュトラッサー邸」1919年　断面

なのです。ちょうど同じ頃、ロースの友人であったアーノルト・シェーンベルクという音楽家がいました。彼は伝統的な調性をこわして十二音技法を開発したことで知られますが、それはロースが空間に関して行ったことと、とてもよく似ています。

長年にわたってロースの協力者であったハインリッヒ・クルカが編集した作品集のなかで、クルカはラウムプランの概念を解説しており、その最初の適用例として、一九一九年のシュトラッサー邸と一九二二年のルーファー邸が取り上げられています。[2] ルーファー邸の設計で描かれた立面図はかなり特殊なものです。開口部は窓枠とガラスの表現がされる代わりに黒く塗りつぶされています。ファサードの輪郭線に加えて、破線によって内部のスラブや壁体の位置が描き込まれています。つ

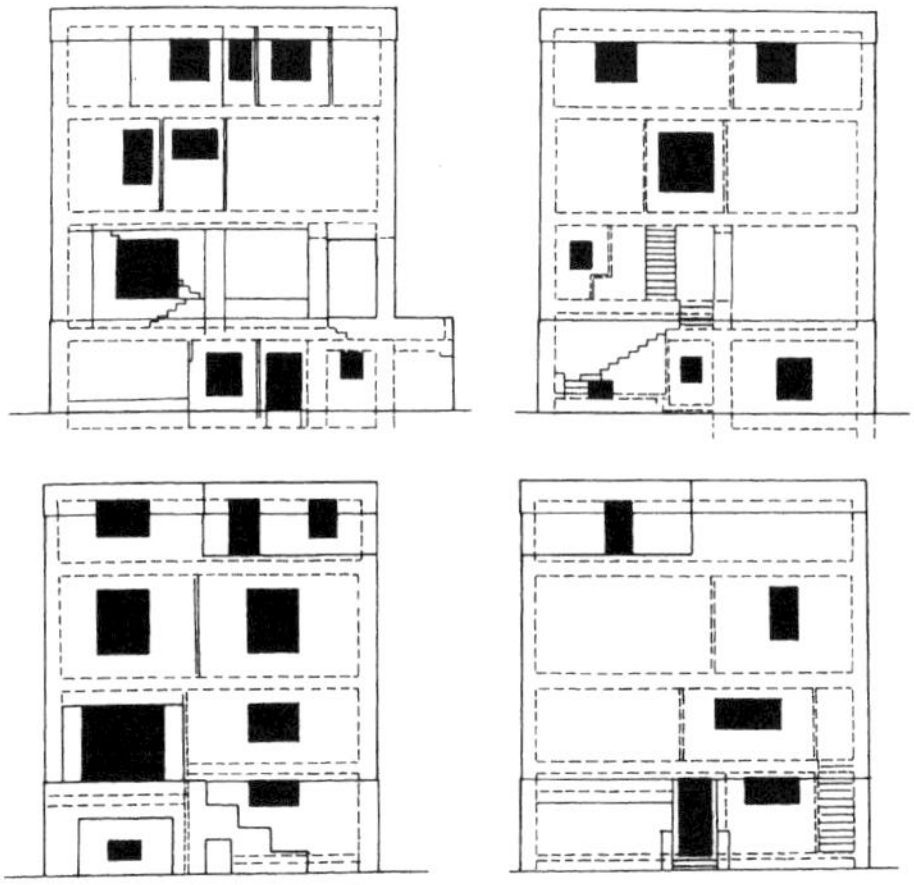

アドルフ・ロース「ルーファー邸」1922年　立面
（出典：Leslie Van Duzer, Kent Kleinman, *Villa Müller: A Works of Adolf Loos*, Princeton Architectural Press,1994）

まりここでは透明なものが物質感をともなって描かれていて、逆にマッシブな壁体がなかば透明で、内側のものを透かし見せるように描かれているわけです。立面図は外部から見た視点に映るものを描くものですが、ここでは外部と内部、立面と断面とが同時に露呈しています。同じようなスタディは、後のミュラー邸（一九三〇）においても試みられています。ロースの内部空間が密度感があり、圧縮された感覚を抱かせるのは、こうした設計プロセスがもたらした帰結なのでしょう。

　シュトラッサー邸は既存の建物の改築です。最初にラウムプランが適用されたのが改築だというのは興味深いです。ロースは天井高の高いこの住宅の玄関ホールに中二階のレヴェルを挿入することを思いつきます。シュトラッサー邸ではロースは、書斎と音楽室のアルコーブを設けることになりましたが、天井高を低くできるアルコーブの存在がロースのラウムプランにおいて鍵になる役割を担わされたようです。アルコーブとホールの関係について、ロースは演劇ホールと桟敷席との関係を引いて説明しています。桟敷席は親密な空間ですが、舞台を見ると同時に客席からも見られる関係にあります。ロースは、このような劇場的な関係性を住宅に取り入れようとしたのです。こうしたロースのラウムプランが、最も成熟したかたちで実現したのが、ミュラー邸なのです。[3]

アドルフ・ロース「ミュラー邸」1930年　外観

ロースは、一八七〇年に現在のチェコ、ブルノで生まれました。ドレスデンの建築学校を出たあとアメリカで放浪生活を送り、その後二六歳のときにヨーロッパに戻り、ウィーンに定住します。一九二三年にはウィーンからパリに移り、一九二八年に再度ウィーンに戻っています。一方、後にミュラー邸の施主となるフランティシェク・ミュラー。彼はピルゼンを拠点にした大きな土木建設会社の跡取りとして生まれました。一九二〇年代のなかばには、ミュラー氏はピルゼンからチェコ(当時)の首都プラハに拠点を移します。一九二八年の秋、ミュラー氏は、ロースとその協働者であったカレル・ロータに、プラハに住宅を設計するよう依頼することになりました。

ミュラー邸を訪れてみましょう。プラハ市街を見下ろす丘の斜面に立つミュラー邸は、外側から見ると閉ざされた箱型の建物です。平滑な壁面に窓がぽつりと開いたその外観は、ロースのほかの建物と同じようにのっぺらぼうで、ずいぶんと周囲の非難を浴びたようです。しかし今では周辺に同じような建物が立ち並んでいて、全く違和感がないのです。むしろ特性がない建物のように見えてしまうから皮肉なものです。平面図と断面模型(七四頁)を見比べてよく読み込んでみるとわかるように、ミュラー邸はとても複雑な構成になっています。天井高の高いメインホールから屈み込む婦人室のアルコーブまで、さまざまな高さの部屋がぎっしりと詰め込まれて、スパイラル状の動線に巻きついているのです。

メインホールに出る直前の階段室は、天井高がぎりぎりまで抑えられていて、メインホールの天井高とのコントラストを強くつけているため、余計にメインホールが大きく感じられます。階段室の上には、婦人室のアルコーブが入っていて、座った状態でくつろげるスペースです。そこはちょうど劇場の天井桟敷と同じように、窓を開けるとメインホールが下に見渡せるようになっていて守られた小さな空間と開放的な大きな空間の対比がつくり出されています。

五層目の階段室は、なぜか山小屋風です。古代ローマを思わせるようなメイン・ホールの荘厳な雰囲気から一転して、くつろいだ明るくウッディな空気が漂います。一つの住宅の中で、これほど多様な雰囲気が合体している建築がほかにあるでしょうか。最上階にある朝食室は、日本風の意匠でつくり出された部屋です。ここはミュラー邸の中では珍しく外に対して開かれた部屋で、テラスと連続的につくられています。人が集まる天井高の高い大きな部屋から、身体の延長のような一人でくつろぐ婦人室や屋根裏部屋、外部と一体化した東洋的な部屋、明るく活動的な子供室。さまざまな部屋がそれぞれの使われ方にふさわしい規模とテクスチャー、色調でつくられ、集合しています。これがミュラー邸の魅力なのです。

触覚の差異

「被覆の原理」と題された論文の中で主張しているように、[4] ロースにとって建築は、まず何より肌触りがよく暖かくて居心地がよい織物で身体の四周を覆うことからはじまります。あくまで心地よい場をつくり出すことが建築の目的です。構造的骨組みなどは、そのあとからそれを支えるために考え出されればよいのです。ル・コルビュジエが提唱したドミノ・システムに代表されるように、近代の建築は鉄やコンクリートという新しい素材が可能にした構法を出発点として思い描かれています。だからロースが建築を着衣のように内側から考えるのは、前近代的にも見えるでしょう。

建築から装飾をはぎ取り着衣のように空間を構想することによって、装飾に替わってクローズアップされてくるのが、物質のテクスチャーです。たとえばミュラー邸のメインホールで使われているチポリーノ大理石。その深い緑と褐色のマーブル模様は、人間の職人がつくり上げる装飾的な文様よりもはるか

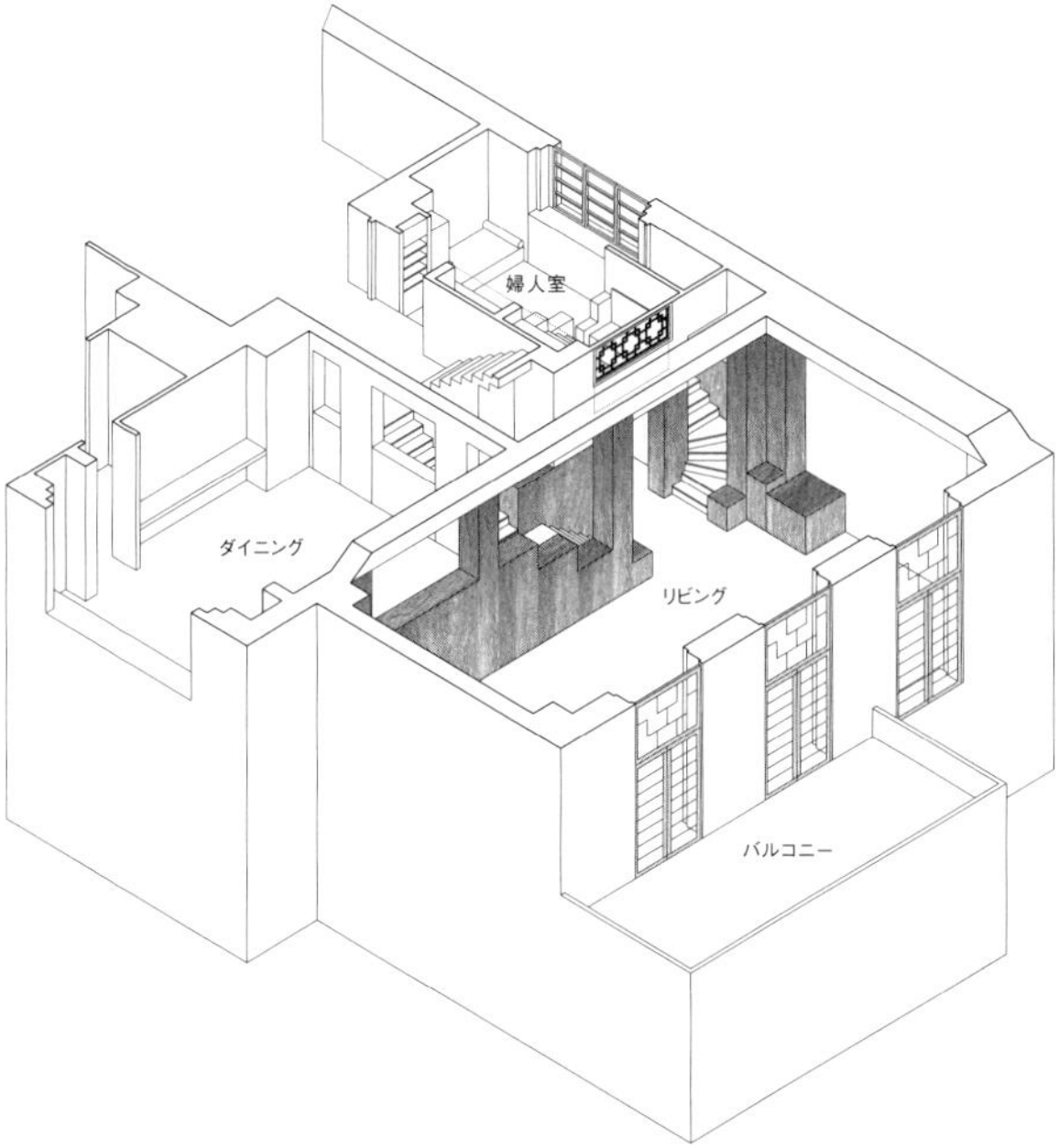

「ミュラー邸」リヴィング、ダイニング、婦人室の内観アクソノメトリック

に強く住み手の感覚に働きかけます。積層された膨大な時間が内側から現れてくるかのようです。

ミュラー邸は、部屋ごとにさまざまな素材が使い分けられています。ダイニングなどには、マホガニーの深く落ち着いた突板が使われています。このテクスチャーによって食事の静謐な空気がつくり出されています。しかしそこに通じるキッチンは、一転して白と黄色で塗装されています。近代建築史上、隣り合う部屋がこれほど違う雰囲気を持っている建物がほかにあるでしょうか。キッチンは使用人たちが機能的に働くべき場所

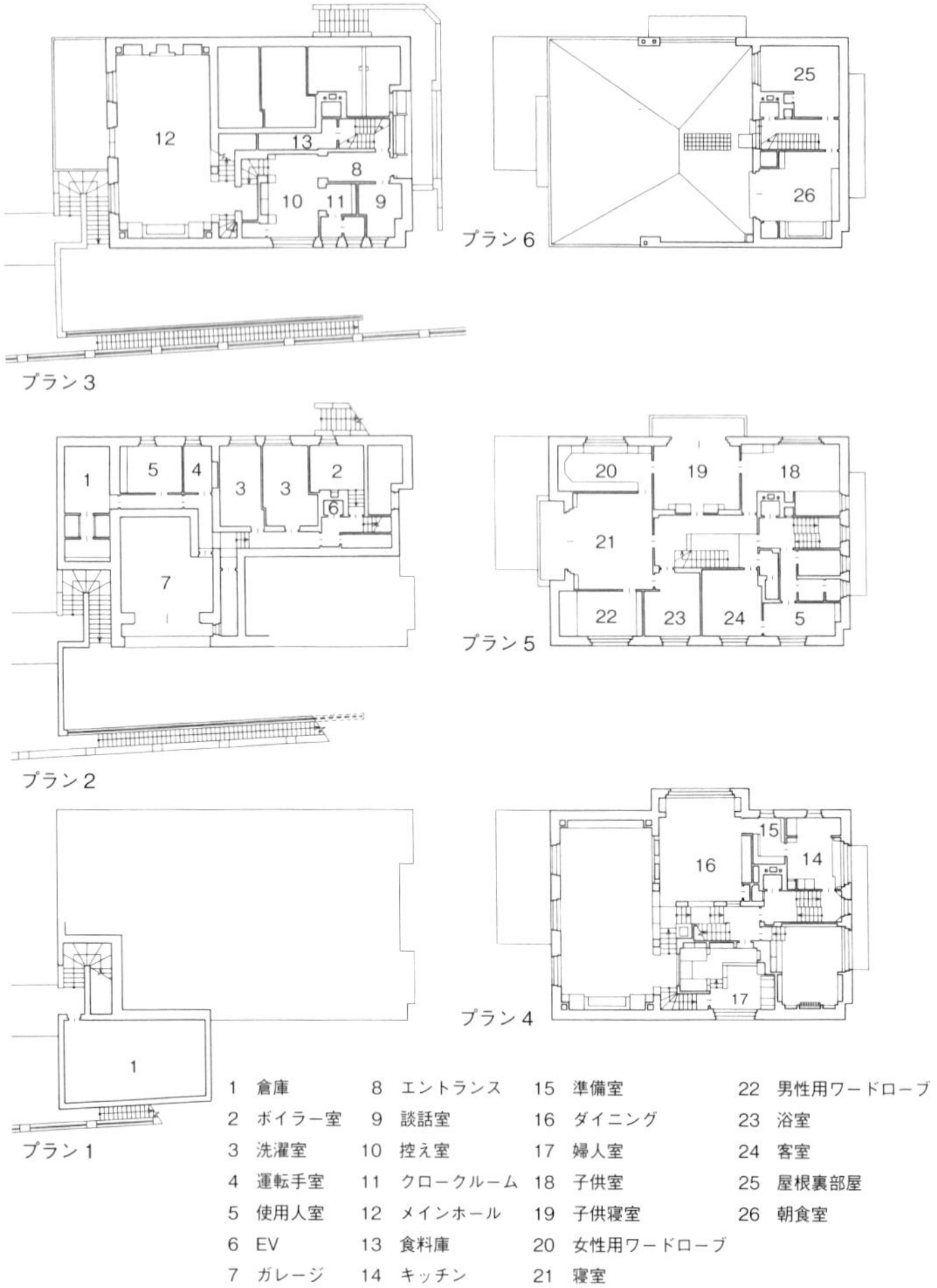

プラン6

プラン3

プラン5

プラン2

プラン4

プラン1

1	倉庫	8	エントランス	15	準備室	22	男性用ワードローブ
2	ボイラー室	9	談話室	16	ダイニング	23	浴室
3	洗濯室	10	控え室	17	婦人室	24	客室
4	運転手室	11	クロークルーム	18	子供室	25	屋根裏部屋
5	使用人室	12	メインホール	19	子供寝室	26	朝食室
6	EV	13	食料庫	20	女性用ワードローブ		
7	ガレージ	14	キッチン	21	寝室		

「ミュラー邸」平面 S=1:600

上左・下：断面模型　階段を中心にして、レヴェルの異なる室がせめぎ合うように配置されていることがわかる。上右：下階のメインホールを見渡すことのできる婦人室

だから、それにふさわしい明るさになっていて、汚れれば何度でも塗り直すことができる塗装仕上げになっているのです。しかし使用人たちは、ダイニングに入れば一転して恭しく給仕しなくてはならない。食事の場にふさわしい態度が求められるからです。この二つの部屋を分け隔てる建具の両面には、当然二つのレバーハンドルがついています。どちらのハンドルも全く同じかたちをしていますが、触ってみると違いがわかります。ダイニング側のハンドルは象牙で、キッチン側はプラスチックでできている。触感と温度差が、一瞬にして違いを伝えてくるのです。

子供室は青と黄色の塗装で仕上げられています。子供たちにふさわしい場所として、またおそらく子供の品々がこの部屋を満たしたときに最も調和がとれる色合いを意図しているのではないでしょうか。最上階の朝食室は緑の塗装に紫の畳風敷物で、日本風の意匠が施されています。寝室には壁紙が使われています。各部屋ごとにいかにばらばらなテクスチャーが使われているかがわかります。ロースにとって、住むことは五感を働かせることです。ロースの建築は感覚に訴えかけてきます。とりわけ触ることによって建築の経験がつくり出されているのです。

記憶の編集［コンクリート］

ル・コルビュジエ

模造

今では全世界中を覆い尽くしている鉄筋コンクリート。二〇世紀をつくり上げた素材である鉄筋コンクリートは、しかしその現代社会におけるあからさまな自明性にもかかわらず、きわめて謎に満ちた素材です。どろどろの液体としてのセメントが化学反応を経てその場で凝固して一体成型されるコンクリートは、石の単位を積み上げて構築する組積造の方法とも違えば、線材の組み合わせによる木造建築の構法とも異なります。キャスティングという、ある意味模造的な方法によってつくり出されるコンクリートが組積造に置き換えられ、近代建築の材料として華々しく発展していくためには、どのような過程が存在していたのでしょうか。鉄筋コンクリートは、建築における複製技術でした。前章でも論じたように、ギリシャとゴシックの統合を夢見た一九世紀末の建築家たちがたどり着いた技術が鉄筋コンクリート構法であり、石を積み重ねる代わりに柱梁を一体成形することによって大きなスパンを架構することが可能になりました。当初は石を模した存在であった鉄筋コンクリートは、しかしその独特の一体成型技術によって生み出されるテクスチャーと素材の表象によって、やがて技師の美学として徐々に新しい知覚の様式をつくり上げていくことになりました。

オーギュスト・ペレが設計したル・ランシーの教会（一九二三）は、ゴシック建築の様式を継承しながらも近代的な教会の新しいプロトタイプとして位置づけられている建築です。組積造の建築は、石の単位を積み上げていくことで石の自重による圧縮力によって荷重に耐えていく構造形式です。単位同士の接合に構造的な工夫が生まれ、その接合にディテールが発生する。しかしル・ランシーの教会には継ぎ目がないのです。正確に言えばコンクリートの打ち継ぎがありますが、同じ素材が一体化してキャスティングされていることによるモノコックな連続性が生まれています。一体成形のプラスチック製品などにも共通するような、部分なき全体性がここにはあります。まるで何か模型を見ているかのような感覚が感じられます。鉄筋コンクリートという素材の最大の特徴はキャスティングにあるのです。ヨーロッパでは、彫刻で鋳造という技術があります。彫刻の複製技術です。鋳型に流し込んでかたどっていくこと。鉄筋コンクリートは鋳造に似ています。型がポジでそこに流し込むコンクリートという素材自体はネガであるということ。石を積み重ねる方法とは反転した製作方法が、そこにはあります。躯体自体というよりは型枠を構築してコンクリートを流し込み、固まったら型枠は撤去していく。するとコンクリートに囲われた空洞が空間になる。その施工のプロセスが、ル・ランシーの教会には現れています。そしてさらに逆説的なことに、こんなプロセスでつくられたとは思えないほど細い柱が林立している。この

同内観

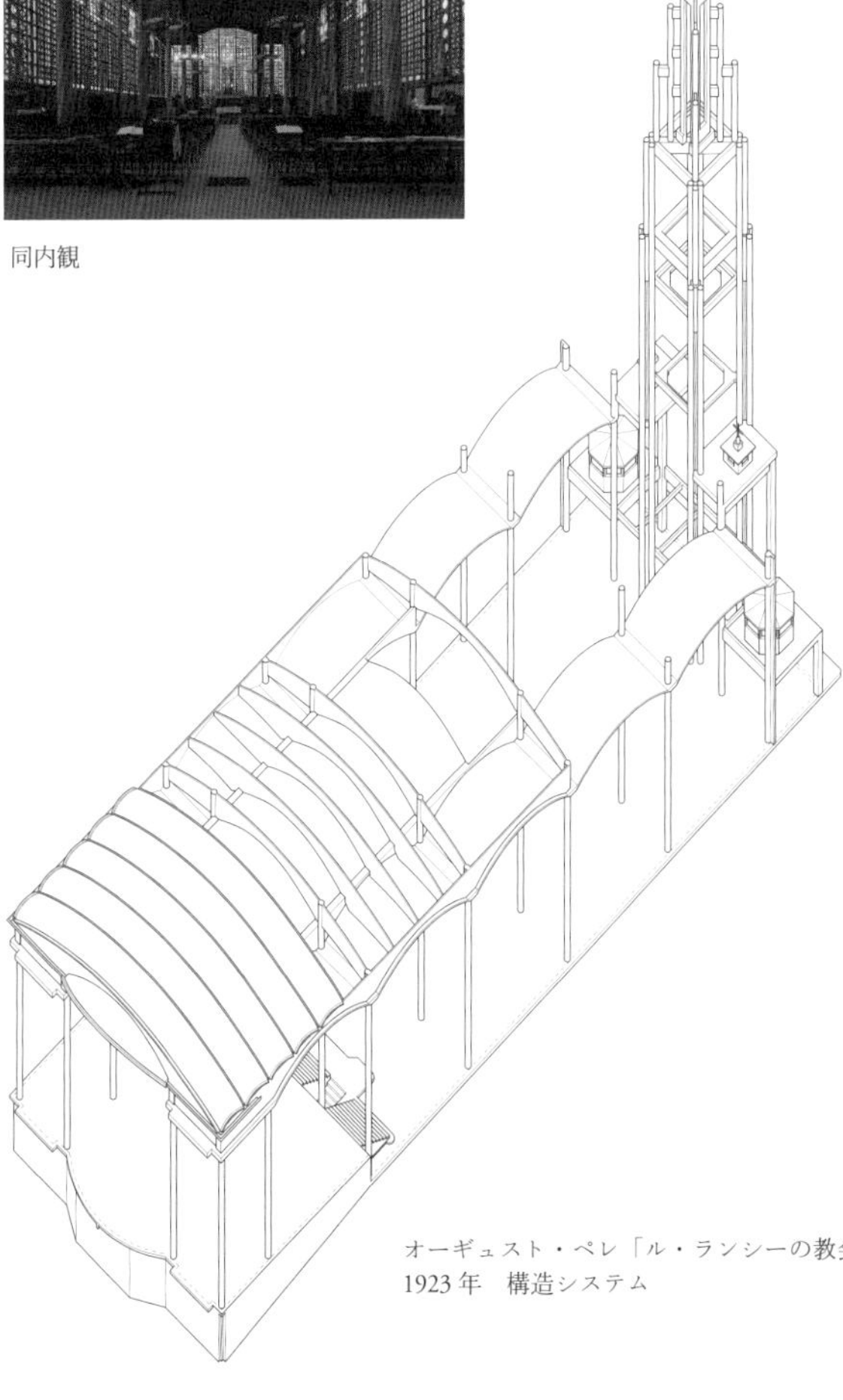

オーギュスト・ペレ「ル・ランシーの教会」
1923年　構造システム

矛盾に満ちたアンバランスさこそが、この建築の魅力を形づくっているのだと思います。一体成形でつくられるからこそ、コンクリートでキャスティングされた建築部分と、それに取り囲まれた空洞とが一体的に現れて、まるでマッスとヴォイドが等価に扱われていくような感覚が生まれてきています。

ペレは、ギリシャとゴシックの統合による真のフランス建築を生み出す野望をもって、鉄筋コンクリートという新しい素材を使う冒険を試みました。私たちは、今では当たり前に鉄筋コンクリートの柱梁構造に親しんでいます。鉄筋コンクリートで柱をつくることは、決して素直な解決ではないと思われます。型枠を組んで流し込む作業にとって、細い柱は合理的とは言い難いからです。ヴォリュームをつくることの方が、鉄筋コンクリートの物性から言えば合理的でしょう。しかしそれにもかかわらず、柱梁構造が生み出されたのは、ペレをはじめとする建築家たちの野望、つまりギリシャとゴシックの統合のために鉄筋コンクリートが使えるという判断からきています。そのとき彼の意図としてあったのは、全く新しい建築を生み出そうという野心というよりは、歴史を継承して更新したいという気持ちだったと考えられます。したがってペレの作業はまず、組積造と鉄筋コンクリートの翻訳作業としてはじまります。これはペレに限らず、アナトール・ド・ボドーなど初期鉄筋コンクリートを切り開いた建築家たちに共通する問題意識でした。石を鉄筋コンクリートで置き換えることの本質的な意味を彼らは考えていきました。ですから最初から鉄筋コンクリート特有のモノコックな性質が前面に表現されることはありませんでした。

「ファテプル・シークリー」16世紀後半

異なる素材や構法が変換されて建築が出来上がっていくプロセスで、興味深い事例があります。ファテプル・シークリーというインドにある古典的な建築があります。ル・コルビュジエはインドでこの建築に興味を示したと言われています。この建築は、屋根材も含めてすべて石を使って構築されています。しかしこの建築は、やはり奇妙な模型のような印象を与えます。それは、木造でつくられていた建築様式を石に置換してそのままつくられているからです。おそらくインドには木材が不足していて同じ様式を石でつくったということなのでしょう。木であるがゆえに生み出された組物のディテールが、石によって再現されているのです。この模造的な建築は、しかし鉄筋コンクリートの建築を考えるときにもとても参考になります。鉄筋コンクリート自体が模造的であり、模造を通して、鉄筋コンクリートの可能性が見出されていったからです。

記憶の媒質

鉄筋コンクリートは、圧縮力を担うコンクリートと引っ張り力を分担する鉄筋との組み合わせによって、一九世紀末に確立した新しい人工的な素材です。この素材がそれまで建築材料の主役だった自然素材である石や木と決定的に異なる側面が一つあります。石や木のような自然素材は、それ自体が素材の中に歴史を持っています。たとえば石は、数万年の単位で凝結というプロセスを経て成立した素材です。凝結のプロセスで物質的特性が生まれてきた。石を扱う工匠たちはその石の性質を肌理から読み取り、その中に流れている時間を読み取りながら石を扱ってきたのです。木という素材もまた植物が生きた時間があり、それが年輪というかたちで蓄積されていて、その間に経過した気候の変化などが年輪の中に記憶として埋め込まれています。大工たちはその木の歴史を読み解きながら、その木の使い方を考えてきたわけです。伝統的に石工や大工たちは、物質の歴史性や記憶を読み解きながら建築をつくるということをやってきたはずなんですね。一方、人工素材である鉄筋コンクリートは、その場で固まるという独特な性質を持っています。石とか木という物質の記憶を継承しながら建築をつくっていく伝統的なやり方があったとすると、それに対して新素材である鉄筋コンクリートは、物質の記憶を前提にしないで建築をつくるというプロセスを強いられることになります。エッティオ・マンツィーニは、二〇世紀はプラスチックの時代であり、プラスチックは記憶喪失の素材であると論じています。[5] さまざまなかたちに成形される合成材料であるプラスチックは、自然素材の歴史性を欠いているがゆえに自由な素材として二〇世紀に活用されたのだというわけです。それになぞらえて言えば、鉄筋コンクリートは記憶喪失の、健忘症の素材だということができます。

ペレのもとで修業し、鉄筋コンクリートの新しい可能性に目覚めていったル・コルビュジエがこの素材に感じていた可能性の中心は、記憶を埋め込む媒質としてのものでした。ル・コルビュジエは鉄筋コンクリートという素材にこだわった建築家です。木造の小屋と鉄骨造の建物をいくつか例外として、ほぼすべての建物を鉄筋コンクリートでつくっています。マルセイユのユニテ・ダビタシオン（一九五二）は鉄筋コンクリートでつくられていますが、ピロティで持ち上げるあの構造形式を鉄筋コンクリートですべてつくりきるというのは、相当変態です。鉄骨造にすれば軽量化でき、柱の負担も減ってコストも下がるはずです。しかし彼はそうはしなかった。あの建物は彼にとって鉄筋コンクリートでなければいけなかった。ドミノ・システムにしても、鉄筋コンクリートです。フランソワ・エヌビックの鉄筋コンクリート柱梁架構のシステムを応用して考え出したから鉄筋コンクリートが使われているわけですが、これはたとえばミース・ファン・デル・ローエのように鉄骨の剛接合でやることもできたはずです。その方が理想的な柱の細さと天井面の平滑さが獲得できたはずです。ところがそうはしなかった。彼は鉄筋コンクリートに徹底的にこだわっています。それは、なぜなのでしょう。まず一つ考えられるのは、可塑的な素材であって形態操作が容易であるということ。セメント自体は液体で、型枠をつくりさえすればその型枠のかたちに自由に成形できるわけで、絵画の世界から建築に進んだル・コルビュジエにとって、この造形性に惹かれたということは十分に考えられます。しかしそれ以上に彼が惹かれたのは、キャスティングという成形方法だったのではないでしょうか。このキャスティングが、ル・コルビュジエの鉄筋コンクリートを読み解く最も重要な鍵になるのです。ペレが発見した、マッスとヴォイドを等価に扱うことができる鉄筋コンクリートの性質に、彼も深く魅せられていることがわかります。たとえばインド・アーメダバードの繊維織物業協会ビル。吹き抜けの大きなヴォイドが、まるで表面張力が生まれているかのようにしっかりと空間として定義づけられています。コンクリートによるフレーミングによって、その中のヴォイドが規定されているのです。

鉄筋コンクリートは、キャスティングによってさまざまなかたちをネガとして埋め込むことが可能です。よく工事現場で、土間コンクリートを打設して翌日行ってみると、猫の足跡が点々と続いてることがあります。猫はわざと狙って歩いているふしがあって、痕跡を残すというのは、動物にとっての喜びなのかもしれませんね。ル・コルビュジエが生み出したモデュロールという寸法尺度があります。彼はモデュロールを擬人化してモデュロール・マンというキャラクターをつくっています。建物の外壁面にこのモデュロール・マンのレリーフ（八八頁）がしばしばほどこされています。これは、この建物がモデュロールでできていることを示す象徴的な記号でしょうけれども、こうしたかたちの埋め込みは、鉄

ル・コルビュジエ「ユニテ・ダビタシオン」1952年

筋コンクリートならではのものです。サヴォワ邸の浴室には、寝そべる休息スペースとして、曲線をかたどったディテールがあります(八八頁)。人間の身体の線をかたどって、この線に合わせて寝そべるようにできている。ただフラットのベッドをつくればそれでいいようなものを、誰の身体かはわからないけれども、人間の身体曲線が埋め込まれているということ。これはとても独特な操作だと思います。また彼は古代ローマの沐浴場の記憶をとても賞賛していて、現代建築に蘇らせたいという気持ちもあったのかもしれません。人間の身体の記憶を埋め込むということで

ル・コルビュジエ「繊維織物業協会ビル」1954年

言えば、人の手形をレリーフ状に埋め込んだ、扉の押手を彼はデザインしています(一九二頁)。生身の人間の手と、扉の手とがタッチし合うようにして、扉が開けられる。奇妙な手と手との触覚的な関係。文字通りの建築の擬人法なのです。

記憶の編集技師

ル・コルビュジエは、歴史を否定し、白紙の環境に自律するオブジェクトとしての建築を構想した近代建築家であるというイメージが流布していますが、しかし決してそうではありません。彼は自分にとっての師匠は歴史だけだと語り、歴史とのつながり

左：ル・コルビュジエ「サヴォワ邸」1931年　浴室。右：モデュロール・マンのレリーフ

を常に強調してきました。しかし彼の歴史とのつながりは捩《ねじ》れています。彼にとっての歴史は、自動的に継承されるべき自明な前提ではなく、意図的に取捨選択するべきもの、選び取るものでした。彼は一九世紀ボザールを拒否し、ギリシャを、ミケランジェロを選び取る。そして選び出した歴史を羅列してみせます。彼は、歴史が自動的に継承され得ない歴史の断絶、歴史の終わりを生き、しかしその中で過去と断絶するのではなく、過去を再編集していくという方法を選択したのです。そして、その記憶の再編集という作業の記憶媒体として選ばれたのが、鉄筋コンクリートだったのです。ここに、ル・コルビュジエ独特の建築における記憶の編集という技法を見出すことができます。奇しくもレコードや映画といった音や映像の複製技術が誕生し

ル・コルビュジエ「議事堂」1962年

たのが全く同時代の一九世紀末でした。映画に興味を持ち、史上初の写真による作品集を刊行したル・コルビュジエが、建築の複製技術に着目したのは、決して偶然ではなかったことでしょう。

インドのチャンディーガル首都計画。議事堂の建築の中に、議員たちが集まる円錐状の形態の空間があります。矩形の平面の中心に円形が埋め込まれた配置は、カール・フリードリヒ・シンケルのアルテス・ムゼウムの平面形を下敷きにしていると言われます。しかしそれだけではありません。このヴォリュームは、インドに当時出現した火力発電所の巨大な冷却塔にそっくりです。ル・コルビュジエはこの巨大な構築物に魅せられて、このかたちを引用したと言われています。さらにインドの天文観測施設であるジャンタル・マンタル。この天体を観測するための形態がこの円錐の

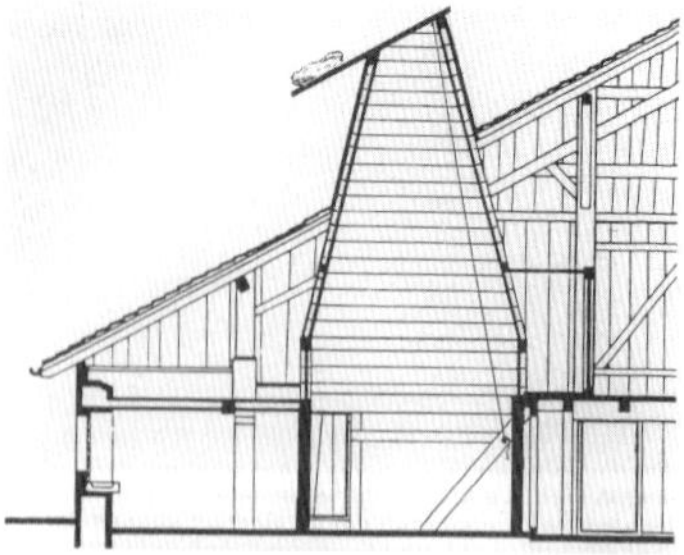

スイス・ジュラ地方に見られる典型的な暖炉の断面
（出典：H. Allen Brooks, *Le Corbusier's Formative Years*, The University of Chicago Press, 1997）

アーメダバードの火力発電所

頂上に与えられ、そこから議事堂に光を導いています。[6] さらに、この円錐形は、スイス・ジュラ地方の伝統的な暖炉の形態をも参照していると言われます。[7] みんなが集まる中心を象徴する暖炉の形態を、都市の中心に引用する意図があったのでしょう。このように時空をはるかに超えて一つの建築の中に記憶が召還され、まるでシュルレアリスムの芸術のようにぶつけ合わされ、一つの機能をもったかたちへと統合されていくのが、ル・コルビュジエの建築でした。そしてそのための素材として、鉄筋コンクリートが選び取られたのです。建築の複製技術を発見した建築家。記憶の編集技師としてのル・コルビュジエがここに現れてきます。

不在の構築［目地］

ルイス・カーン

溶けた石

ルイス・カーンは一九〇一年に生まれて七四年に死んだ建築家です。今のロシア圏からアメリカへの移民で、アメリカで活躍した建築家です。カーンはもちろん近代建築の洗礼を受けて建築をはじめているわけですが、ミース・ファン・デル・ローエやル・コルビュジェに比べると、より古典主義的な色合いが強い。ポール・クレに師事して一九世紀フランスのボザール教育を間接的に継承して建築教育を受けているので、古典的な建築の要素が強い建築家です。カーンは、独特なコンクリートのディテール処理で知られています。カーンがコンクリートにこだわり、とりわけ執拗なまでにコンクリートの表面処理の技法に建築思考を注ぎ込んだのは、どうしてなのでしょうか。

よく知られているようにコンクリートそのものは古代ローマに遡り、一九世紀後半から組積造に替わる安価な材料として使われるようになった経緯があります。カーンは古代ローマ建築に大きな関心を持っていたから、そのつながりももちろんあるのでしょう。あるいは、当時のモダニストたちと同じように、可塑性のある素材ゆえの造形可能性に興味を抱いていたこともたしかだと思います。

しかしそれにもましてカーンは、ル・コルビュジエと同じようにコンクリート特有の施工プロセスである「キャスティング（鋳造）」に関心を抱いていたのではないかと感じることがあります。キャスティングの魅力に取り憑かれていたのではないか、という気がするのです。カーンのキャスティングへの興味は、彼自身のプラトニズム的な建築思想から導き出されたものでもあるように思えます。世界の本性としてのかたちを持たない「フォーム」が現実化されて、具体的な「シェープ」としての建築に結実するというのが、カーンの建築思想の中心的なコンセプトです。短い施工期間のあいだに、それこそ「フォーム」が「シェープ」に結実するプロセスを生きることができるコンクリートという素材は、カーンの建築にとって本質的な要素になっていったのではないでしょうか。

「溶けた石」。カーンがコンクリートに与えた形容です。コンクリートはまさに御影石になりたいのだというカーンの表現には、石とコンクリートの共通性への認識がある一方で、石にまだなりえていない素材として、足りないものを建築が補ってあげる必要があると考えている様子をうかがうことができます。コンクリートは組成上は砂岩などの素材に近いですね。砂利と骨材、セメントを混ぜ、水で凝固させてコンクリートになるわけですから、溶けた石という言葉は文字通りコンクリートの組成上の特質を言い当てているわけです。補強鉄筋は素晴らしい秘密の仕事人の技であり、それは溶けた石としてのコンクリートに不思議なほどの能力を与えるのだと語り、そしてすぐその後に、補強鉄筋のおかげで、コンクリートは「精神の産物」になると、カーンは言います。

記憶喪失

鉄筋コンクリートが「精神の産物」になりえたとしても、しかしそれは、記憶を欠いた素材です。エッツィオ・マンツィーニという批評家は、『創造のなかの素材』という著書の中で、石や木のような自然素材が時の経過や持続性を目に見えるかたちでそれ自身のなかに含み込み、地域性や場所性を持つ記憶を携えた物質であるのに対して、プラスチックのような新素材は、記憶を欠いた、いわば健忘症の素材であると言います。[8] 木は年輪というかたちで、それが生きてきた時間を目に見えるかたちで刻み込んでいるし、石は、かつての生物などの有機物が長い時間をかけて凝固していったことを、素材自体が表現しているわけです。

大理石にせよ、トラバーチンにせよ、縞瑪瑙にせよ、とてつもなく長い時間をかけて徐々に凝結していったものであり、沈殿し、蓄積した時間が切断面に埋め込まれています。たとえばミースなどは、好んでそうした時間を陳列しようとした建築家でした。ミースのチューゲントハット邸には、無垢の縞瑪瑙の自立壁があります。抽象的な壁と柱の配列による空間の中にあって、この縞瑪瑙の壁はとても饒舌です。その横には、ウィンターガーデンと呼ばれるサンルームがあり、生きた南洋植物が繁茂しています。その植物の反映が縞瑪瑙の壁に映り込み、縞瑪瑙の中の凝縮された時間が徐々に溶け出しているように感じられるのです。

しかし、コンクリートにはそうした記憶が欠けています。コンクリートもまた、プラスチックと同じように場所や時間の蓄積を持たない素材でしょう。どちらも高い可塑性を持ちますが、それ自体が歴史の物語を語り出すことは決してありません。記憶喪失で、なおかつのっぺらぼうの素材です。その場で凝固すること。先ほどまでの液体の記憶は持ってはいるけれど、ほとんど何も覚えていない素材。

コンクリートは、そもそもそれ自体流動的で、単位も分節もほとんどありません。たとえば微細な構築が可能な鉄骨造に比べれば、コンクリートの配合などの経験値に頼り、ドロドロの液体を流し込む工法も、決して洗練されているとは言い難い。鉄骨造や木造は、単位の分節が明確であり、それを組み立てる論理を構築していくことができます。構造材自体を積んだり組み立てたりしてでき上がるのに対して、コンクリートは液体状のコンクリートを型枠に流し込んで、化学反応を経て固体へと定着するわけであり、つまり構築するのは補強鉄筋と、鋳型である型枠です。だから私たちの目に触れる構造材としてのコンクリートは、きわめて受身の物質であると言えます。しかし、それでも、いやそれだからこそ、カーンはコンクリートを使います。なぜならカーンにとって、建築とはそもそも鋳型によってかたどられたような存在であるべきだからなのです。

ミース・ファン・デル・ローエ「チューゲントハット邸」1930年

カーンの建築は、コンクリートの表面をはしる目地が特徴的です。出目地と入目地が両方使われ、その組み合わせによって、表面が構成されます。建築の目地は、往々にして平面的でグラフィカルな模様に見えてしまい、建築の構築性を台無しにしてしまいかねないものです。カーンの建築ほど、目地が効果的な役割を果たしている建築はないでしょう。建築にかかる力を目地が表出し、表面の充溢と張りを目地が生み出しているのです。

ソーク生物学研究所（一九六五）にせよ、イェール大学英国美術研究センター（一九七四）にせよ、出目地は型枠のパネルの周囲に使われています。これらの出目地の意味は、型枠とコンクリートとの関係によって説明することができるような気がします。型枠がポジであり、建築がネガであること。そのことを純粋に表現しようと思えば、型枠を立体的に縁取る出目地が合理的な選択となるでしょう。それは、施工上合理的であるということとは全く別種の合理性です。型枠のコーナーを欠き取り、V字の出目地をつくるのは手間もかかり、精度も出しにくいだろうし、実際脱型の際にはがれ落ちてしまった部位も見受けられます。しかしそれでも、このディテールはカーンにとって本質的な意味を持っているはずです。カーンにとって、鉄筋コンクリート造は型枠こそが構築的なのです。その鋳型にかたどられた一体成型の、のっぺらぼうのコンクリートには、型枠が「写し込まれる」ことが、必要不可欠だったのではないでしょうか。

ルイス・カーン「ソーク生物学研究所」1965年

型枠パネルがかつてそこにあったことを、縁取ることで示す出目地は、ちょうど絵画における額縁のような効果を現し、見る者の視線をフレーミングしていきます。それは、組積造の古典主義建築のヴォキャブラリーにも似て、緊張感と強度のあるパターンを形づくります。縁取りと言えば、初期のル・コルビュジエが、スイスのラ・ショー・ド・フォンで設計したシュオブ邸(一九一七)、そのファサードの巨大な空白のパネルが、縁取りの効果を利用するものでした。空白を縁取ることによって、そこに想像的な次元を取り入れることが可能になっているというコーリン・ロウの読解で知られています。[9] カーンの出目地もまた、この文脈で読まれるべきものではないでしょうか。

では、入目地はどうでしょうか。たとえば、イェール大学英国美術研究センターに見られる深い入目地。カーンの入目地は、表面の分節などというものでは

「ソーク生物学研究所」出目地

なく、むしろ切断とか裂断を思わせる深い亀裂のような入目地です。近代建築の抽象化の流れを受けて、現代建築ではオールオーヴァーな表面に建築の立面を均していき、シームレスな表面をつくり上げることに向かってきた流れがあります。抽象とは、あるべきはずの単位を見えがかりにおいて消去していく技術のことだと考えられてきた経緯があるけれども、カーンはその流れとは全く異質です。ルーチョ・フォンタナの絵画に、張ったカンヴァスを縦に切り裂いた「空間概念」と名づけられた連作がありますが、それにも少し似て、カーンの入目地は目に見えていないものを見えるようにしようとするディテールです。

カーンにとって、建築は何かの「写し」であり、鋳型によってかたどられたものです。だからこそ、その当の写されたものを顕在化させて示す必要があるのです。そしてその顕在化のプロセスに、ディテールは大いに貢献することになるわけです。

ソーク生物学研究所の中庭を設計するにあたって、ルイス・バラガンを呼び寄せて意見をきいたカーンは、そこに植栽を植える計画をやめ、石と水だけでできたプラザにすることを決めたという有名なエ

「ソーク生物研究所」石と水で構成されたプラザ

ピソードがあります。そうすることによってそこは、「空へのファサード」になるだろうというバラガンの言葉にカーンは強く印象づけられるのです。

ここでもまた、プラザは、空の写像として考えられています。空の写像に、緑は似つかわしくない。建築の平面、床面が空へのファサードとなるためには、それが何らかのかたちで空を写し取り、少なくとも空とメタフォリカルな関係を取り結ぶ必要があるだろう。そこで、そのプラザは、石と水によって空を写し出すものになりました。そのアイディアは、とても成功しているように感じられます。かたちなきものにかたちを与えるのが建築であるという、一見するととても観念的なカーンの建築思考は、物質のレベルで現実化されているからこそ、カーンの建築は今でも見るに値するのでしょう。

空間の彩色［ペイント］

ル・コルビュジエ

ポリクロミー

建物の表面に色を塗ること。ポリクロミーとは、複数の色を彩色することを指します。近代建築は、ポリクロミーが復活したことでも知られています。なぜ二〇世紀においてポリクロミーが復活したのでしょうか。ポリクロミーの意味を探ってみましょう。建築におけるポリクロミーは、それ自体長い歴史を持っています。一八七七年にフランスのボザール出身のアカデミストであるランベールが描いたパルテノン神殿の復元図があります。パルテノン神殿といえば、石の素材感が表れたモノクロームの建築であるというイメージが強いかもしれません。しかし一八世紀末のグランド・ツアーの流行と考古学の隆盛の中で、パルテノン神殿が鮮やかに彩色されていたという説が有力になっていく。それはちょうど芸術の歴史の流れで言えば、ロマン主義の台頭と並行していました。こうしてギリシャ建築のポリクロミーを根拠にしながら、一九世紀ドイツ、フランスの建築家の中には、ポリクロミー建築を提唱していくものたちが現れました。イットルフなどがその代表的な人物です。しかし二〇世紀建築におけるポリクロミーは、それまでのポリクロミーとは決定的に異なる性質を持っていました。その違いとは、何でしょうか。

　建物を構成する素材自体にはそれぞれ固有の色がありますから、どんな建物にも色はあります。ライムストーンを積み上げてつくられた建物と、木を組んでつくられた建物は異なる色をしていますし、同じライムストーンですら、産地によって微妙に色が違います。今でもヨーロッパの地方を車で旅をして回ると、街の色そのものが、その地方で採れる石の色合いを反映して微妙に変化していくのがわかります。街そのものがその地方の大地の色と全く同じ色をしているわけです。しかし素材自体が持つ固有色を否定して、素材の表面にもう一つの色を塗って色同士の組み合わせを人工的につくり出していくことが、ポリクロミーです。固有色を否定して、この世界を表面色の組み合わせによって表現しようとした試みが、建築よりも先に美術の世界で生み出されました。

　それを生み出したのが、印象主義の画家たちでした。クロード・モネは、端的に言えばこの世界は光でできていると考えていました。私たちは三次元空間がまるで座標軸の中に整然とあって、その中にかたちが遠近法にしたがって存在していると考えがちです。しかしモネは、この世界の空間もかたちも、光で満たされた色によって生み出されるものなのだと考えたのです。私たちはりんごは赤で、木の葉は

クロード・モネ「散歩、日傘を差す女」1875年　ワシントン・ナショナル・ギャラリー所蔵

左：ヘリット・トーマス・リートフェルト「レッド&ブルーチェア」 部材の分節化を徹底化し、視覚的に表現しようとしている。右：テオ・ファン・ドゥースブルフ「芸術家の家」1923年

緑だと思っているけれども、光の当たり方によってその色は刻々と変化してとどまることがない。木の葉に当たる光によって刻々と変化していく色を表現するために、モネは絵の具を混ぜずに補色同士を隣に置くことで表現しようとしました。絵の具を混ぜれば濁って暗くなってしまい、自然界の明るさが表現できなくなるからです。後に抽象画家のピエト・モンドリアンは、原色だけを混色せずに使用しました。それは、すべての色の組み合わせの基底にあるのが原色だと考えて混色しないことを徹底した結果でした。

二〇世紀の建築におけるポリクロミーを考えるとき、最も大きな功績を残したのは、ル・コルビュジエですが、彼が建築にポリクロミーを応用しようとした直接のきっかけを与えたのが、ピエト・モンドリアンをはじめとするデ・スティルの作品でした。一九二三年にパリでデ・スティル展が開催され、ル・コルビュジエはその原色の使用に強い印象を受けると同時に、ドゥースブルフが建築の計画（芸術家の家）にポリクロミーを使用して

ヘリット・トーマス・リートフェルト「シュレーダー邸」1925年

いるのを見て衝撃を受けます。モンドリアンの絵画は、原色の単純な色面とジップと呼ばれる黒いラインとの構成で、見方によれば単なる壁紙のようなパターンに感じられるかもしれません。しかし少し注意深く観察してみると、ジップの太さが違っていたり、ジップとジップの交差部分で線の勝ち負けがあったりと、複雑な関係が生み出されているのがわかってきます。ある程度の鑑賞時間を要求するのでしょうけれども、眼が慣れてくると、この画面がとても豊かで多義的な三次元空間を立ち上がらせていくのが知覚されるようになってきます。ドゥースブルフは、この効果を実際の三次元空間で応用できないかと考えたのでしょう。しかし実際に彼は建物の建設にまでは至りませんでした。リートフェルトのシュレーダー邸（一九二五）は、デ・スティルで唯一成功した建物だと言っていいでしょう。建物から家具までをすべて線と面の構成要素に還元し、その要素に三原色を当てはめていく。ともすると装飾的に見えがちなこうした過剰な構成がそう見えないのは、人間の行為に寄り添う機能をできる限り構成とかかわらせているからなのでしょう。

空間

私たちは空間という言葉を日常的に使っています。建築は空間のデザインであることを当たり前だと考えています。しかしよく考えてみると、この空間という概念は少し特殊です。建築が空間をデザインすることだとしても、直接空間そのものをデザインしたことがある人は誰もいないからです。空間とは空の間、つまりポジティヴには規定できない存在です。壁や柱や天井といった構築要素によって囲い取られた、そのあいだに出来上がるネガティヴな存在、それが空間です。建築家は壁や柱をつくることはできても、空間それ自体をつくることはできない。構築の結果として、残余として事後的に生まれるのが空間なのです。しかし、この誰もいじることのできない残余としての空間が、独自の存在として建築家の操作対象になるという発見が、近代建築の誕生だと言ってもいいでしょう。フランク・ロイド・ライトの流れる空間は、ライトが建築の構成要素を人の動きの時間軸に合わせてまるで音楽のように組み合わせてつくり上げたものでした。ル・コルビュジエは『建築をめざして』の中で、建築を定義づけています。[10] 彼によれば建築とは、幾何学的な立体の巧みで正確かつ壮麗なゲームである。幾何学的なヴォリュームに光が当たると、そこにドラマが生まれる、つまり空間が生まれるわけです。ただ幾何学があるだけでは、そこには空間は生まれない。光が色を生み、そこに空間が立ち上がってくる。空間には光が不可欠であり、光は色をはらんでいる。

ル・コルビュジエは、画家として自身のキャリアをはじめました。彼が画家として乗り越えようとしたのが、キュビスムでした。キュビスムは、印象主義が絵画を光と色によって生成させようとした試みを引き受けながらも、印象主義がものの存在感を十分にとらえられなかったとして、ポール・セザンヌの仕事を参考にしながらかたちに焦点を当てていった運動です。ル・コルビュジエは、キュビスムに対抗してピュリスムという芸術運動を立ち上げます。抽象画といっても彼の場合は、あえて現実のもののかたちを使います。たとえばギターとか牛乳瓶とか日常的なものを絵画の中に登場させ、組み合わせて絵画を構成していきます。牛乳瓶の口の丸い円形とギターの共鳴口。意味は違えどもかたちの上では共通する二つを合体させて一つに表現してみる。ギターの共鳴口は正面から見たかたちですが、牛乳瓶は机の上に立った状態ですから、立面図です。二次元の一つの画面の中に、異なる角度から見たかたちを合体させる。建築的に言えば、立面図と平面図が一つのプラン上に同時に表現されるということ。これがル・コルビュジエが絵画においてやろうとしたことでした。そしてこのかたちの多義性を効果的につくり出すために使われたのが色だったのです。

カモフラージュ

建築において、ポリクロミーの発見に先行してル・コルビュジエが成し遂げたのが、白の発見でした。大地と連続する素材の固有色が、建物の地の色であるべきではないという思想、純粋な幾何学のヴォリュームと光の戯れが繰り広げられる地の色として、白がふさわしいという発見があったのです。白の発見の源泉は、研究者たちによっていくつか指摘されています。[11] 若い頃の東方への旅の途中で見た地中海沿岸の家々の純白の美しさ。抽象的で装飾を欠いたヴォリュームが青い海と空に溶け込む姿のリリシズムに深くうたれるのです。それからパルテノン神殿の白さ。それに加えて、当時脚光を浴びはじめた豪華客船の白は、彼にずいぶんインスピレーションを与えたようです。純白に塗装された鉄板の一体成形の船を見て、彼は新しい建築のモデルを見出すわけです。白く自律する抽象的な面造形は、明らかにル・コルビュジエの建築造形に大きな影響を与えていることがわかります。最後に忘れてはならないのは、彼の白の背後には衛生思想があるということです。建築は太陽の光を浴びて新鮮な空気を循環させ、緑を享受させることで近代人に健康をもたらすものでなければならない。彼が、循環する動線を重視したり、行き止まりをなくしたり、やむなく行き止まりをつくるときにはトップライトを設けたりしたのも、すべてこの目的のためでした。白は清潔さの象徴でした。白く保たれていることが、行き届いた清潔さを感じさせるものだったのです。こうしたいくつかの理由から、ル・コルビュジエは白を基底の色として建物を設計していきました。そして、あのデ・スティルとの出会い以後、この白は、カンヴァスの地の色としてとらえられていくようになります。

自然界の素材は、その素材が持っている歴史性や記憶を背景にした色の発現があります。それらをいっ

ル・コルビュジエ「ラ・ロッシュ＝ジャンヌレ邸」1924年　色がつくり出す空間の膨張と収縮。この現象を最もダイナミックに体験させてくれるのが、このアトリエである

たんすべて消去して、白色のカンヴァスをつくりその上に色を重ねていくこと。もの自体の記憶や表現ではなく、色と色の関係による新たな表現がそこに生まれる。こうした抽象性がル・コルビュジエのポリクロミーにはあったわけです。ラ・ロッシュ＝ジャンヌレ邸（一九二四）は、彼が多くのポリクロミーを用いた最初の試みです。彼は建築的カモフラージュという特徴的な言葉を使っています。生物が自然界で敵の眼を欺くために見た目を偽装することを擬態、カモフラージュと言います。建築もまた色によって擬態することができるのだと彼は言うわけです。実際の空間配置からくる感覚を欺き、ある空間を強調したり、消したりすることが、色によって可能になります。こうした色が感覚に引き起こすカモフラージュ効果は、下地が抽象的な面であることが前提になります。つまりたとえば下地がレンガでそ

のテクスチャーが現れていたり、目地が露出して単位が現れていたら、物質性が色面の効果を失わせてしまう。ラ・ロッシュ＝ジャンヌレ邸で、具体的にどのような建築的カモフラージュが行われているのか、見てみましょう。最もわかりやすいのが、アトリエ部分でしょう。アトリエ正面の壁はクリーム色ですが、その左手に斜路があります。斜路の背面の壁は曲面で外に向かって膨らんでいて、ブルーグレーで塗られています。斜路の手すり壁は焦げ茶です。正面のクリーム色は、緩やかに手前にせり出してきて、ブルーグレーの壁は曲面の形状と相まって、外側に膨張していくように感じられ、手すり壁は逆に内側に進出してくるように感じられる。こうしてこの細長い空間が、人のシークエンスと連動しながら、膨張と圧縮を生み出していくというわけです。一九二三年竣工の小さな家でも、色は効果的に使われています。レマン湖側に向かって全面開口の窓を設けるのではなく、ハイサイドライトで上空からだけ室内に光を取り入れています。その光が当たる面は純白の壁です。この白は、日の光を受けて刻々と色を変えていくことでしょう。そしてその面の反対側、つまり湖側の内壁には、水色が塗られています。陰になる部分に青を入れることで鈍く輝くと同時に、太陽光のオレンジの補色である青によって強い対比が生み出されていきます。

ラ・ロッシュ＝ジャンヌレ邸の設計に取り組みながら、ル・コルビュジエは建築の基底にある光に対する思考を表現するためのポリクロミーの研究に取りかかりました。ちょうど音楽でピアノの鍵盤を弾きながら音楽をつくっていくのと同じように、色彩の鍵盤をつくって色彩設計をしていきたいと言っています。そのことを感覚の生理学と呼んでいます。感覚の生理学ですから計量化することが非常に難しい世界ですが、彼はそこに入っていこうとする。赤はあふれる光の中でのみその性格を保ち、青は薄暗がりの中で振動する。石灰乳白は暗い中でこそより輝く。彼の建築を訪ね歩くと、こうした彼の色彩についての言葉を追体験するように、彩られた空間を体験することができます。近代において建築は、規格化された工業製品でつくっていくという宿命があります。当時はまだ建築塗装の規格化が十分に進んでいませんでしたので、彼もずいぶん苦労します。そこでサリュブラ社というスイスの塗料メーカーと提携して、彼は塗装色の規格化を試みるんですね。色見本帳をつくらせています。この色見本帳は、色彩のスタディにも使えるツールでした。型紙に好きな色を合わせると、色と色の組み合わせの具合を見ることができる仕組みになっています。[12] 色彩設計は、隣接する色同士の組み合わせが最も重要なわけですから、このツールが役に立っただろうことが想像できます。ところが色の問題というのはちょっとやっかいなところがあって、小さい面積で見た色と、大きい面積で見た色は違って見えるんですね。彩度も、明度も変わってき

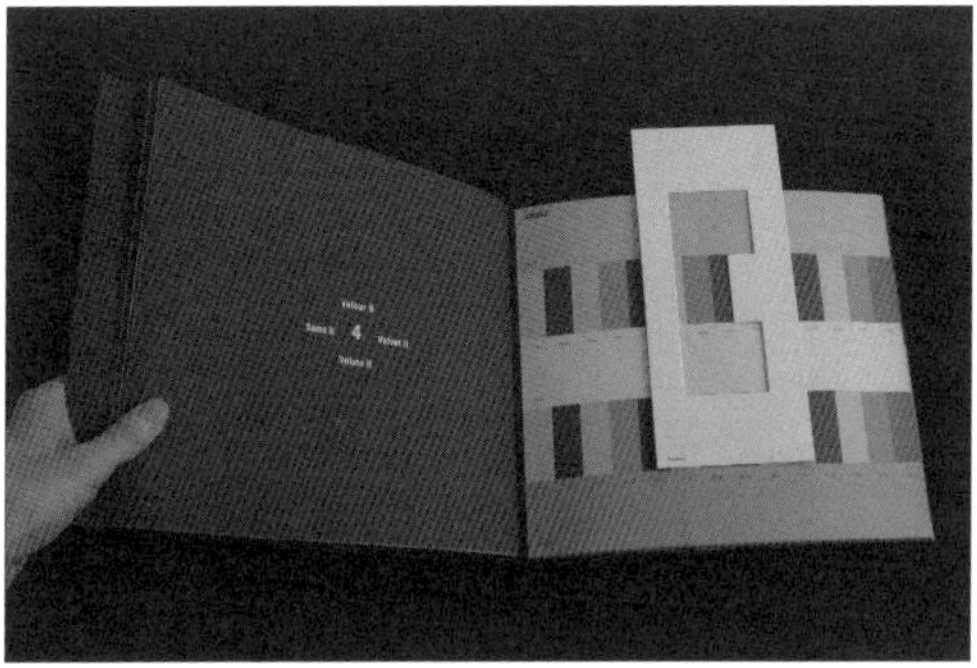

サリュブラ社の色見本帳（複製）

ます。ですから小さなサンプル上で色を決定したとしても、それが思った通りの色になるとは限らない。またたとえば外の西日が当たっている所で見る色と夜見る色もずいぶん違いますよね。同じ白でも明度が上がれば、周りの色や光の色を拾ってしまって、青みがかったり赤みがかったりということもあります。建築の色は、複雑な現象なのです。ル・コルビュジエもかなりさまざまな実験をしながら、色彩設計を行っていったのだと思います。

ル・コルビュジエの色彩設計の中でも、最も強い効果を引き起こしているのが、ラ・トゥーレット修道院（一九五九）の地下礼拝堂でしょう。この地下礼拝堂へは地上に突き出た三つの採光用の円筒から光が注ぎ込みます。この円筒は朝の光、昼の光、夕方の光をそれぞれ取り込むように方位が設定されています。その円筒の内側には三原色が塗られていて、時間帯によって異なる色の光が降り注いでくることになっている。空間自体は色を持たないけれども、ここでは、光が空間内に拡散して色を持った空間が生まれている。空間を色で染めていくこと。これと同じ効果は、インドのチャンディーガルの建築群でも感じることができる。彩度の低い色で塗られた壁面に挟まれた空間が、光を浴びてぼんやりと色づけられる場に立ち会うことができる。ル・コルビュジエのポリクロミーは、色による空間の生成を求めていったのです。

雨の設計［雨樋］

ル・コルビュジエ

防水と雨仕舞

建物の基本的な与件の一つとして、人を風雨から守ることがあります。人は雨に濡れないために傘をさし、庇の下に潜り込みます。雨とは、建物にとって第一義的にはひたすら避けるべきものであるということは疑いようがありません。近代建築が雨に対してとった態度を象徴的に表しているのが、防水という概念です。これは、鉄筋コンクリート工法というモノリシックで一体成形による技術の成立と深いかかわりがあると思います。一体成形であるがゆえに密実にコンクリートを打設して、隙間から雨が浸入しないようにしなければならない。防水塗料という表面を密実にコーティングする技術の発達も、水をはじき妨げる思想に基づいているはずです。

それに対して、日本の伝統的な建築の用語で「雨仕舞」という言葉があります。雨を仕舞うというのは、雨水の流路を適材適所につくっていきながら、建物が雨とうまく付き合っていくという意味合いが込められているように思います。そして雨を仕舞うための特徴的なディテールが生まれてきた。それらのディテールは、雨をデザインの対象としたものと言えるでしょう。雨をネガティヴによけていくのではなく、ポジティヴに雨を対象化するような建築のあり方。[13]

私は個人的には、雨に濡れるのはそれほど嫌いではないのです。傘をさすのが面倒だということもありますが、コートを着て雨の中を歩くのは意外と心地よいものです。傘越しに、あるいは雨宿りする軒下で、雨を眺めるのも結構好きです。軒を見上げながら、線の軌跡になって降りてくる水の雫を次から次へと目で追ってみたり、水たまりに跳ね上がる雨滴を眺めるのも面白い。最近はあまりなくなりましたが、トタン屋根に雨が当たると派手な音がして、まるで雨の音楽のようでした。かつて建物は自然に触発された音を発する部位がたくさんありましたが、それも最近では少なくなりました。

建築の修業時代に、私が隈研吾建築都市設計事務所に入所して最初に担当したのが、馬頭町広重美術館（二〇〇〇）という建物でした。安藤広重は江戸の浮世絵師で、自然環境をヴィジュアライズすることに長けた人物なのです。雨や雲、水といったかたちがない自然の現象を瞬間に定着させていく天才です。特に雨を描くのはとても難しい。イギリスのターナーの傑作もありますが、広重の雨がすごいのです。版下を切り裂くようにして線を刻み、ストライプで雨を表現している。

広重の自然をとらえる技法を何とか建物の特性に転写することはできないだろうか。敷地は栃木県の山奥で結構雨が降る地域です。天気が変わると、その天気の変化に応じて建物の印象も大きく変わっていくような建物をつくろうということになりました。特に雨のときに映える建築をイメージしながら、細いルーバーをあるピッチを決めて、全面的に外壁に貼っていきました。実際に雨が降ると、この木が濡れてどんどん色が変わって、晴れた日とはまた違った空気感が出てくるのです。その設計のときに、建物と雨との関係を考え続けていました。今回は建物と雨との関係を、日本の伝統建築や現代建築の中にではなく、近代建築の典型であるル・コルビュジエの中に探り出してみたいと思います。なぜなら、雨と決定的に決別しようとしているかのようなサヴォワ邸を設計した同じ人物が、雨を最も礼賛する建築を生み出していることの不思議を解明してみたいと思うからです。

雨の建築化

雨と建築とが出会い、その出会いが形態化されている姿を目のあたりにして最も深く心を動かされたのが、ル・コルビュジエのロンシャン教会堂（一九五五）でした。[14] ロンシャン教会堂は、パリからドイツへ抜けていく国境付近、山の上に建つ建築です。この辺りはとても雨が多い地域なのですね。年間を通して、かなりの雨量があり、特に秋から冬にかけては天気の悪い日が多いようです。山の斜面に向かってそそり立つように屋根を勾配させているため、当然この屋根面に落ちた大量の雨水処理が問題になります。サヴォワ邸のような陸屋根に内樋というわけにはいかない。

そこでル・コルビュジエは、巨大な樋をつくっています。屋根全体が雨を受ける皿のようでもあり、

ル・コルビュジエ「ロンシャン教会堂」1955年

巨大な滑り台のようでもあり、樋は漏斗《じょうご》のようです。そしてその漏斗の下には、雨水をためる池がある。その池は、ル・コルビュジエ独特の幾何学的な造形でつくられるのですね。三角錐や円筒といった幾何立体をコンクリートでかたどったオブジェがその池の中に配置されていて、そのオブジェに雨水が滝のように降り注がれる。図面で見ているだけでは、このオブジェの意味はよくわかりませんでした。しかしかつて秋の雨の日にこのロンシャン教会堂を訪れたとき、奇妙な幾何立体の離散的な配置に雨水が当たることで立体同士が関係づけられている姿をはじめて目にして、謎が解けました。

「ロンシャン教会堂」巨大な雨樋

これはル・コルビュジエの建築の基本的な原理を表わしています。彼は『建築をめざして』という本の中で、建築というのは幾何学的なかたちの戯れであると言っています。建築の中に幾何学的なかたちが現れて、それが空間をつくっていく、さらにそこに機能が満たされて建築は出来上がっていくのだというわけです。実際にサヴォワ邸にしてもガルシュのスタイン邸(一九二七)にしても、箱の中にさまざまな幾何形態を挿入して、そのあいだに空間をつくっています。箱の中に幾何形態が埋め

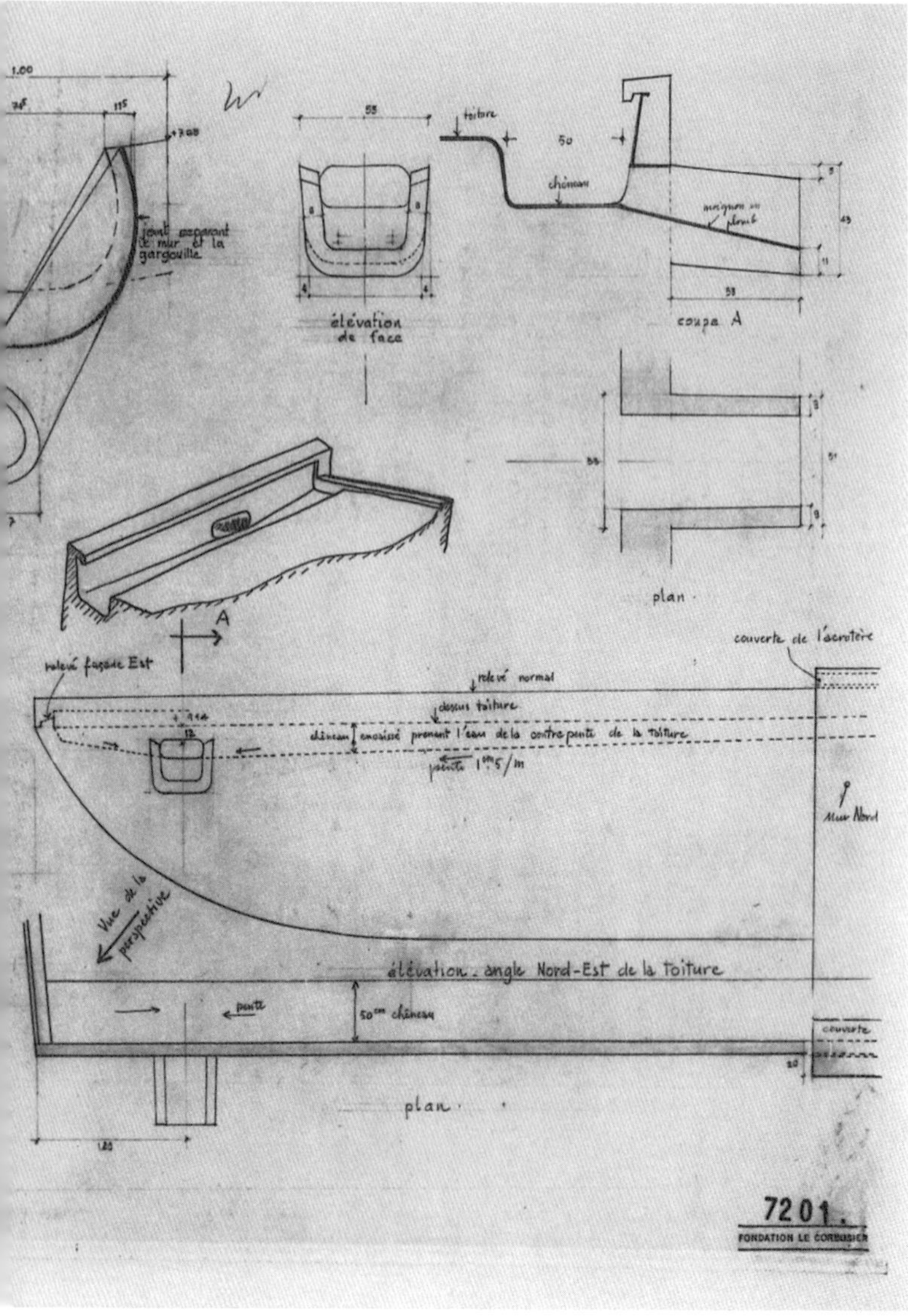
joint séparant le mur et la gargouille
élévation de face
toiture
chéneau
coupe A
plan
A
couverte de l'acrotère
relevé façade Est
relevé normal
dessus toiture
chéneau encaissé prenant l'eau de la contre pente de la toiture
pente 1cm 5/m
Mur Nord
Vue de la perspective
élévation . angle Nord-Est de la toiture
pente
50cm chéneau
couverte
plan
7201.
FONDATION LE CORBUSIER

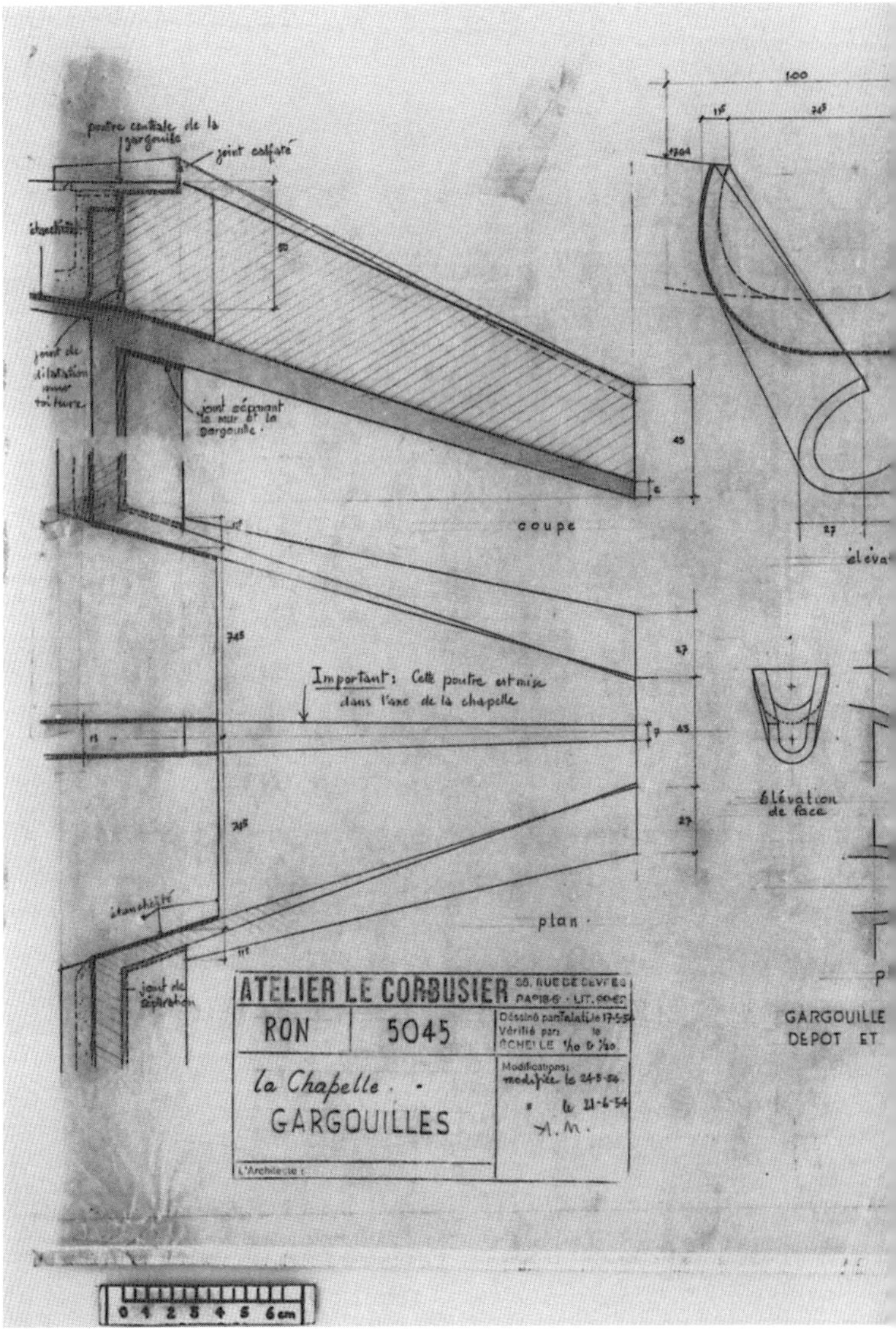

ル・コルビュジエ「ロンシャン教会堂」雨樋の詳細
（出典：H.Allen Brooks, Alexander Buildings and Tzonis ed., *The Le Corbusier Archive Ronchamp, Maisons Jaoul, and Other Projects, 1951-1952,* Garland Publishing, 1983）

込まれるというのがル・コルビュジエにとっての建築の原型なのです。

ロンシャン教会堂の雨水池は、その原理の縮小模型であると言えます。幾何形態の周りに空間が満たされていくのが建築の原理だとすれば、ここでは幾何形態の周りに水が満たされていく。水という媒質が幾何形態にあたって、空間が生まれていることを見せようとしているのですね。空と大地を媒介するジョイントとしての屋根、そして樋。そこを雨水が順次伝わっていく。ここでル・コルビュジエは、雨をデザインの対象にするという意識を確実に持っています。

私たちは建築を考えるとき、空間という言葉を当たり前のように用います。建築とは空間をつくることだと誰もが疑うことなく考えています。しかし考えてみると空間とは、空であり間である。決してポジティヴには定義づけられることのないとらえどころのない存在であるはずです。そもそも建築家が直接空間そのものを操作したことなど、いまだかつてないはずなのです。建築家が扱うのは、柱であり壁であり、石であり木なのです。それらの操作対象のあいだに生まれる空間は、目的ではあったとしても操作対象ではない。しかし直接操作しないにもかかわらず、ネガとしての空間が自由自在にデザインできるということが、近代建築が見出した最大の発見だったわけです。彼はロンシャン教会堂に至って、空間と並んで水という媒質をもデザインの対象に見据えていくことになったのでしょう。

インドのアーメダバードにル・コルビュジエが設計したサラバイ邸（一九五五）は、彼の雨のデザイン思想が最も明確に表現された作品だと言えます。当然インドですから、雨期には大変な量の雨が降る

次頁：ル・コルビュジエ「サラバイ邸」1955年

わけで、屋根にたまる雨水の処理は切実な問題となります。サラバイ邸は森の中に埋め込まれた住宅です。外壁面から外側に向けて雨樋が長く突出しています。広いテラスに降った雨が徐々にすぼめられていって、ここを通して周辺の樹木に注がれます。庭にはプールがあります。このプールは雨水の貯水池なんですね。そしてこのプールに流れ込むひときわ巨大な雨樋。屋上テラスにたまった水がここを通っていきます。同時にこれは子供の遊び用の滑り台になります。遊具としての滑り台と、雨樋としての機能が、ここにクロスプログラミングされているディテールです。かつては内樋にして隠していた要素をむしろ造形化して強調する。建築をつくるときの幾何学的なかたちのルールに雨樋という機能を当てはめて、雨という自然現象を賞賛するような建築のかたちを生み出していく。とくにこの滑り台は、雨の動きと人間のアクティヴィティとが重ね合わされている点で、自然と人間とを建築という媒質を介して結びつけようとするル・コルビュジエの思想がそのままかたちになったかのようです。

同じくアーメダバードにル・コルビュジエが設計した繊維織物業協会ビル。最上階にオーディトリアムがあり、壁が曲面で出来上がっています。天井面も曲面で、両サイドに向けて反り上がったかたちになっています。曲面は内側に向かって窪んでいるのですが、ここは屋根面に降った雨をためることになっていたようです。雨水を流すのではなくてためていくこと。雨仕舞い上はきわめて危険であるものの、この発想は雨に対する逆転したとらえ方を生み出しています。日中の太陽光の強烈なインドでは、この屋根面への雨水の貯留が断熱効果を発揮し、オーディトリアムを冷却すると考えていたようです。この

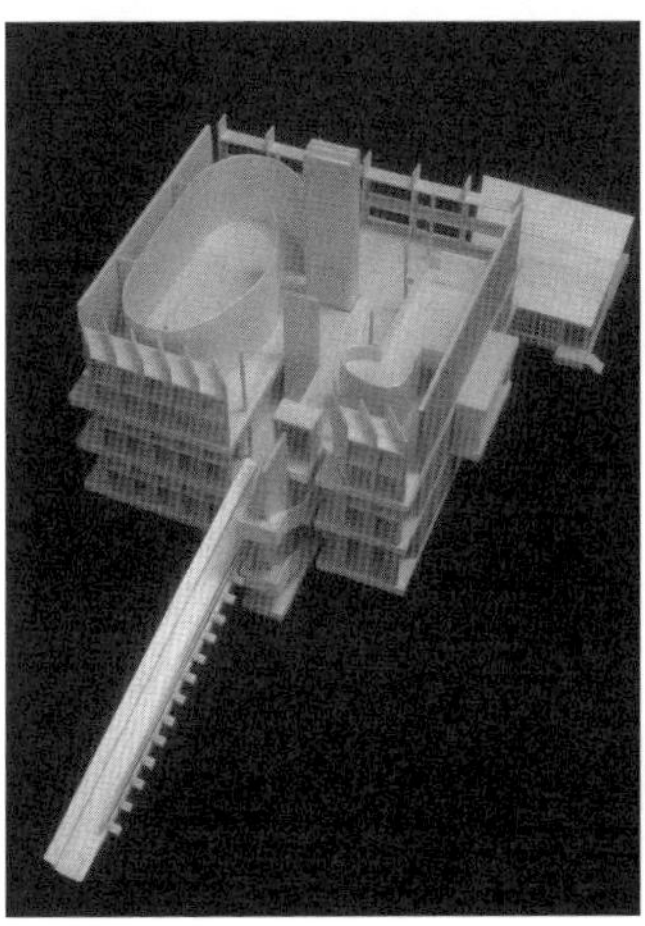

上：ル・コルビュジエ「繊維織物業協会ビル」1954年　オーディトリアム。下左：3階内観模型。
下右：屋上には、雨水をためるプールがある　大成建設ギャルリー・タイセイ所蔵

雨をためる屋根のことを、彼はパラソルと呼んでいます。掌で水をすくってためるように、雨水を受け止めて蓄えていく屋根こそが、建築の屋根の原型的なイメージなのだと彼は考えます。

雨の歴史

こうしたル・コルビュジエのディテールは、西欧でも歴史的に蓄積されてきたものでもありました。よく知られているのがガルグイユですね。ガルグイユは、グルグリオというラテン語のフランス語訳になるわけですが、喉をガラガラと鳴らしてうがいをするという語源があります。ゴシック建築の外壁面に雨水が放水する怪物のかたちをした装飾彫刻があって、そのことをガルグイユと呼んでいます。あれは、雨水が外壁面に当たらないように、なるべく離したところで下に落としていくための装置なのです。なぜそんなことが必要だったかというと、組積造の建築は重い石の自重に対して圧縮力で持たせている建築なのですね。石と石との接着力が重要なわけです。その接着力を持たせるために、そのあいだに漆喰を埋め込んでいるのですが、その漆喰が雨水に当たると流れてしまい、そうすると十分に石と石とが噛み合わなくなって崩れてしまう原因になるらしいんですね。その漆喰を水で流さないために、なるべく外壁面に雨水を当てないようにする必要がある。そのためにガルグイユというディテールが発明されていったというわけです。外壁面からなるべく首を長くして外に向かって吐水口があります。さまざまな種類のガルグイユがありますが、これが怪物のかたちをしていたのは、中世の信仰の中で怪物たちが

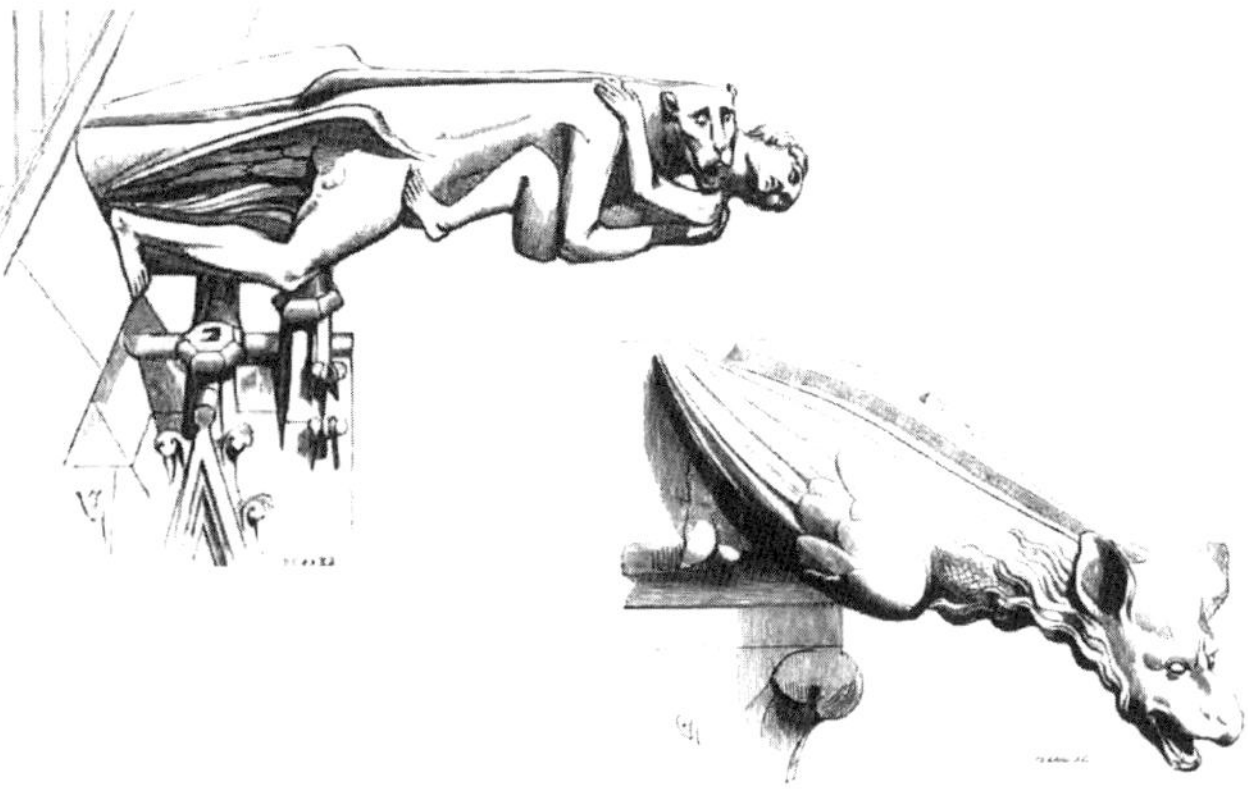

ヴィオレ＝ル＝デュクが描いたガルグイユ（出典：Eugéne-Emmanuel Viollet-le-Duc, Henri Sabine, *Dictionarie Raisonné De L'architecture Française Du Xie An Xvie Siècle, Volume 6*）

この建物を守ってくれるという信仰があったからだと言われています。

ギリシャ建築にも雨に対応するディテールが存在しています。コーニスといわれるディテールがありますが、これは水切りの機能を果たしています。ここの形を少し入り込ませて複雑にすることで、水を何カ所かで切っていくのですね。そしてなるべく柱のジョイント部分に水がかからないようにした。コーニスの上には、シーマと言われる雨樋に近いガルグイユと同様の機能のディテールが存在しています。ここから出た水が下でまたコーニスを伝い、内側へ入り込まないようにコーニスの下で水を切ります。つまりこのシーマとコーニスとは連動して水を切っていく役割を果たしていたというわけです。

ギリシャ建築においてもゴシック建築においても、建物に水をかけないための繊細なディテールが存在していたわけです。装飾にはこうした機能がかつては割り当てられていたのです。ところが近代建築はこうしたディテールをとっていくことになります。なるべく抽象化して、なるべく幾何学的なかたちの論理だけで表現をしていこうとすると、こうしたディテールがどんどんそぎ落とされていきます。装飾がそぎ落とされていくのには、やはり鉄筋コンクリートという新技術の導入が大きな影響をもちました。組積造だからこそ必要とされた水切りのディテールは、モノリシックで一体成形の鉄筋コンクリートにはもはや必要がないと思われました。

自然という他者

近代建築は、抽象性の探求に重きを置く運動でした。とりわけ初期近代建築といわれる一九一〇年から二〇年頃の近代建築の試みは、徹底的にそれまでの建築とは異なる抽象性が獲得できないだろうかという探求だったと言えると思います。そのときに抽象性をより過激に追い求めるあまりに、自然との関係が断絶していくことになりました。建築家たちはそれぞれ自然との関係を新たに結ぶことを模索していきました。ミース・ファン・デル・ローエはファンズワース邸で、徹底的に抽象性を突き進めることによって、スクリーンとしての、映像としての自然を獲得しようとした。アルヴァ・アアルトは、規格化と自然を結びつけ、外部環境と連続的につくり出される人工的な環境としての建築の設計手法を確立していきました。

ル・コルビュジエの場合、特に一九一〇年代から二〇年代にかけて抽象性を追い求めていった結果として、竣工した建物が自然環境からの影響に耐えきれずに諸々の問題を引き起こしはじめます。サヴォワ邸は今では非常にきれいなかたちでリストアされているので気づきにくいのですが、とても雨に弱い建物です。サヴォワ邸は雨漏りに悩まされた建物だと言われます。基本的な駆体は鉄筋コンクリートですが、非耐力壁の部分はレンガ造で、その表面をプラスターで白く塗っています。しかし表面に直接雨が当たる納まりだったので、塗装がすぐにはがれてレンガが露出するようなことが起きたのですね。第二次世界大戦後のサヴォワ邸の写真が残っているのですが、あれを見るとほぼ廃墟です。竣工当初の姿はほとんど跡形もなくなっている。

しかしながらル・コルビュジエのサヴォワ邸は、私たちのイメージにとっては全く白くていつまでも汚れないような状態のイメージとして定着しています。彼自身はメディアに非常に関心があった。いち早く建築写真に着目し、そして建築家としては初めての試みである作品集を出版しているのですね。竣工間際の写真を残していくという発想を建築の世界に定着させたのはル・コルビュジエです。彼はできたばかりの真っ白い建物を写真に撮りそれを宣伝することによって、彼の求めていた純白の抽象的な建築を、世に知らしめることに成功したわけですね。

彼自身は、ある種の健康思想、衛生思想を抱いていました。建物は風通しがよく、人の動きをつくっていかなくてはいけないのだと考えていました。それは、ひとえに健康のためです。人間が健康であるためにはサーキュレーションが大事であると彼は言います。空気が流れ、風が流れ、そして人が動き、太陽が照る。それが健康な都市の健康な建築なのだと言うわけです。なおかつそのサーキュレーションは、汚れとか染みのない全く白い、まるで病院のような潔白な白の中で行われるのが最も健康で清潔であるという思想を持っていたのですね。だからこそ建物は白く、なおかつサーキュレーションがあるというわけです。

そうした潔白さというのは、実は瞬間的なものにすぎない。どうしても建築は物質ですから、汚れ、染みがつき、そして傷んでいく。そうした汚れや傷みをなるべく見たくないという意識、時間を欠いた瞬間、その瞬間の美しさを定着したいというような欲求が、おそらく初期のル・コルビュジエにはあったはずです。だからこそ写真に興味を持って、あるいは映画に興味を持って、そのときの瞬間的な美しさを持続的に定着したいと思っていた。しかし、その意図とは裏腹に建物はどんどん劣化していく。彼の建築は、圧倒的に早く劣化していってしまったわけです。

抽象性の探求によって自然との関係を断絶させ自律する建築を思考してはみたものの、その後彼は実際に自然からの激しい反撃に遭うことになりました。ガラスの扱い方でも彼は失敗します。彼が考え出したドミノ・システムは、基本的に全面ガラスのカーテンウォールがつくれるという考え方です。実際に当初はガラスの壁ができるということを言っていました。実際にほぼそれに近い建築をつくっているんですね。救世軍難民院(一九三三)がそれです。なるべく開口部がない方が抽象的で美しいというので、開く所の少ないカーテンウォールのガラス張りの建築をつくったけれども、室内の温度が急上昇し

ル・コルビュジエ「フィルミニ＝ヴェール文化センター」1965年　スリット状の窓と雨樋とを形態的に一体化させ、外周にうずまき状に沿わせている。雨と光の統合的な形態化

て、外壁面をつくり替えることになります。それ以来彼は、全面ガラス張りはやらずに、たとえばサヴォワ邸のように水平連続窓として人間の視線の高さに窓面を限定していく。

ル・コルビュジエは、建築を通して熱や雨というものを知ることになったのではないでしょうか。自然の中に、熱や雨を無視して持続的に佇み続ける建築はもちろんありえない。だとすれば、熱や雨を積極的に受け入れ、その受け入れた痕跡を建築のかたちとしてつくり上げていく必要がある。ロンシャン教会堂や繊維織物業協会ビルにおける雨のディテールたちは、こうした意識の現れなのでしょう。これは、建築をデザインするというよりは、逆に雨をデザインする行為になるのではないでしょうか。ル・コルビュジエの雨のデザインの分析を通して、私たちはもう一度装飾やディテールの持つ意味を考え直してみることができるのではないでしょうか。

II 註

1 Adolf Loos, *Ornament et crime*, Cahier d'aujourd'hui, 1913. 初出はフランス語。邦訳：アドルフ・ロース『装飾と罪悪：建築・文化論集』伊藤哲夫訳、中央公論美術出版、一九八七年。

2 Heinrich Kulka, *Adolf Loos*, Löcker Verlag, 1979. 邦訳：ハインリヒ・クルカ『アドルフ・ロース』岩下真好・佐藤康則訳、泰流社、一九八四年。

3 Leslie van Duzer, Kent Kleinman, *Villa Muller: A Works of Adolf Loos*, Princeton Architectural Press, 1994.

4 Adolf Loos, Das Prinzip der Bekleidung, in *Ins Leere gesprochen*, Georg Prachner Verlag, 1981. 邦訳：アドルフ・ロース「被覆の原理」(所収：アドルフ・ロース『装飾と罪悪：建築・文化論集』伊藤哲夫訳、中央公論美術出版、一九八七年)。

5 Ezio Manzini, *La Materia dell' Invenzione*, Arcadia srl, 1986. 英語版は次の通り。*The Material of Invention*, Anthony Shugaar trans., MIT Press, 1989.

6 William J. R. Curtis, *Le Corbusier: Ideas and Forms*, Phaidon 1986. 邦訳：ウィリアム・J・R・カーティス『ル・コルビュジエ：理念と形態』中村研一訳、鹿島出版会、一九九二年。

7 H. Allen Brooks, *Le Corbusier's Formative Years: Charles-Edouard Jeanneret at La Chaux-de-Fonds*, University of Chicago Press, 1999.

8 Ezio Manzini 前掲書。

9 Colin Rowe, *The Mathematics of the Ideal Villa and Other Essays*, MIT Press, 1976. 邦訳：コーリン・ロウ『マニエリスムと近代建築』伊東豊雄・松永安光訳、彰国社、一九八一年。

10 Le Corbusier, *Vers une architecture*, Flammarion, 1995. 邦訳：ル・コルビュジエ『建築をめざして』吉阪隆正訳、鹿島出版会、一九六七年。

11 近代建築における白の意味を分析したものに以下がある。Mark Wigley, *White Walls, Designer Dresses: The Fashioning of Modern Architecture*, MIT Press, 2001.

12 Arthur Rüegg ed., *Le Corbusier Polychromie Architecturale: Color Keyboards from 1931-1959*, Birkhäuser, 1997.

13 建築が自然環境を制御しようとする思考を「ウェザリング」という概念から分析した試みに以下がある。Mohsen Mostafavi, David Leatherbarrow, *On Weathering: The Life of Buildings in Time*, MIT Press, 1993.

14 ロンシャン教会堂の設計に関しては以下に詳しい。Danièle Pauly, *Ronchamp: lecture d'une architecture*, Éditions Ophrys, 1980.

Ⅲ

スケールの技法

階段を意味するラテン語scalaの複数形を語源とし、尺度や規模、大きさ、縮尺などさまざまな意味で使われるスケールという言葉は、建築の世界では特別に重要な役割を担ってきました。建築の魅力の秘密の鍵を握るのがスケールという概念にあると言っても過言ではないはずです。スケールという言葉以上に古くから用いられた概念に、比例があります。スケールと比例は意味が重なり合いながらも、ある一点で対比的にとらえることができる概念です。

比例とは、ある閉じた全体に対して、部分が関係し合うように定められたシステムです。それに対してスケールは閉じた全体の外部への参照を前提とした相対的なものです。ある部分が大きいか小さいかは、何か別の尺度を参照しなければ決定することができません。一九世紀末に『建築史』を著したオーギュスト・ショワジーは、

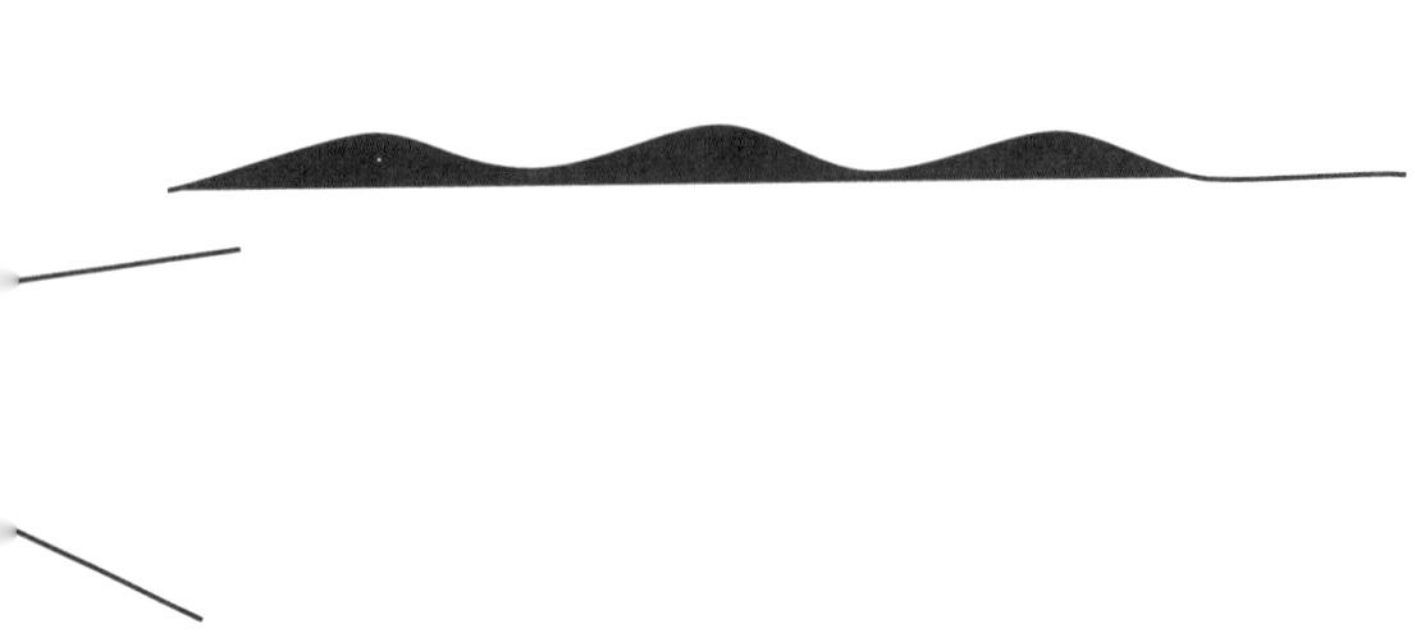

ギリシャ建築を論じながらこのことに気づい
そしてこのスケールという概念こそが、建築
異なる独自なものへと特徴づけるものなのです。

近代建築は、黄金比への関心に見られるように比例という幾何学への関心を復興させました。しかしそれ以上にこの時代の建築家たちの関心の中心にあったのは、スケールでした。建物の内部で、あるいは外部との参照関係の中で、大きさを変幻自在に変えていくことが、近代建築の可能性の中心の一つとなったのです。ル・コルビュジエは、比例とスケールを統合するという欲望を抱き続けてモデュロールの発明に至ったのでした。ここでは、近代建築のスケールの技法の諸相をディテールに焦点を当てて見ていくことにしましょう。

ISBN978-4-395-24113-2
C3352 ¥2200E

文化シナジー
ディテールの建築思考
近代建築の思想を読む
彰国社
著者 後藤 武 著
定価2,420円
(本体2,200円+税10%)
品切・重版未定
出来日
月 日頃

61頁：ル・コルビュジエ
「サヴォワ邸」（一九三一年）
窓を介して現実空間を映像へと変換し、近さと遠さを接合させるモンタージュ効果を追求している

上：カルロ・スカルパ
「クェリーニ・スタンパーリア財団」
（一九六三年）
潮が満ちてくると、建物の中に海の水が緩やかに入り込む。時間と空間を圧縮して表現しようとした傑作

シンメトリーの迷宮［扉］　アドルフ・ロース

透明性

アドルフ・ロースの建築には透明感があります。彼の建築は厚い壁や濃密なテクスチャーによって、閉鎖的で古めかしい印象を与えるものですが、しかしそれにもかかわらず透明なのです。物質の厚みや重さを携えていても、それは透明であると感じられます。それはどういうことでしょうか。ただ透けて見えるということとは異なる透明性を、ここでは考えてみたいと思います。

平面や立面、断面といった二次元の平面を組み合わせて出来上がった立体物からは、透明性を感じ取ることはできません。時間をかけて建物を順番に経験することを通して全体を把握していくほかないからです。時間差と複合性が、透明性を濁らせることになります。たとえそれがガラスで覆われた建物であったとしても、シンプルなワンルームであったとしても、それはただ透けているだけで、透明感があるとは言い難いのです。建築の設計には図面というメディアが存在していて、他者とコミュニケーションをとり正確に構築するために図面が必要なのだと言われます。そして図面を言い訳にしながら人は三次元を統覚する困難を回避してしまうのです。

三次元の立体物を扱う人は、直接ヴォリュームをつかまなければなりません。見えていない向こうを同時につかむことができなければならないのです。透明性とはその結果見出されてくるものです。透明な素材を多用しようとする建築家は、自らが透明性を取り逃していることを怖れ、物質の透明性で代替しようとします。しかし、建築家一人が物質の透明性を見透かしていれば事足りることだとも言えます。住み手の身体がガラスのショーケースの中に晒される必要などないのです。家は物理的に透明である必要はないのかもしれません。

平面、立面、断面という二次元の区別を捨て去り、階層という絶対的な基準をも捨て去り、ヴォリュームとして建築を構想すること。これがロースの発明なのでした。それを後の弟子たちはラウムプランと呼びました。[1] しかしロースはそれを名詞化することに抵抗を示していたと言います。名詞化した瞬間に透明性が逃げ出してしまうことを直感していたのかもしれません。

一九二五年の八月、トリスタン・ツァラは、パリ・モンマルトルの住宅地ジュノー通りに面した土地を購入し、アドルフ・ロースと設計契約を結んでいます。それにともなってロースはウィーンからパリへと転居し、慣れない外国であるにもかかわらずツァラ邸の基本設計だけでなく現場監理まで担当することを決めています。そして翌年には竣工してツァラ一家はこの家に住みはじめることになりました。

ツァラのためにつくられたこの家は、ロースの試みがとてもうまくいった例の一つなのではないかと思います。近代建築史がこの家を透明だと記述することはありませんが、しかしこの家は互いに見えていない面が貫入し合い複雑に絡み合いながら、それらが圧縮された透明な空間としてつくられているように感じられるのです。

二者択一の潜在性

アドルフ・ロース「トリスタン・ツァラ邸」1926年

一見して気づくことができる特性は、ロースの建築には対称性が用いられているということです。対称性は古典主義建築の常套的な手法であり、近代建築はこれを否定して非対称や反復へと向かっていったわけだから、ロースの対称性はいつも彼の前近代性を示す兆候として語られます。しかし注意してみるとこの対称性こそが、ロースの建築の透明性とかかわりを持っていることがわかってきます。

ジュノー通りに面したファサードは整然とした幾何学的な分節にしたがっているように見えます。しかしここから内側の意味を読み取ろうとしはじめると、実は途端に謎めいた混乱に陥ることになってしまいます。この家はいったい何階建てで、何人家族がどのように住んでいるのか。誰がどこから入り、どのように上へあがっていくのか。いや、全く想像することができないというわけではありません。さまざまな解釈が生まれるけれども、しかしファサードだけでは論理的な整合性をつくり上げることができないのです。

一階には左右対称的な位置にエントランス・ドアがついています。するとこの建物を垂直方向に真ん中で二つに仕切って二世帯が住む家ということなのでしょうか。しかしファサードの立面は垂直方向にちょうど二つに分けられていて、下半分は粗い積石仕上げ、上半分はスタッコによる平滑面になっています。これは上下で住み分けているということなのか。しかし三層目の左右対称につけられた三つの窓は、下半分が突然切断されて積石で塞がれてしまったかのようであり、どうもここで階層が分かれているようにも見えません。このような事態はファサードの面だけにとどまらず、断面やリヤ・ファサードなどあらゆるところに及んでいきます。ロースの建築が謎めいているとよく言われるのは、見るものが意味解釈の宙吊り状態に置かれてしまうところからきているのでしょう。

実際には、一階のエントランス左側はツァラ家のガレージの扉で、右側がツァラ家のエントランス・ドアになっています。二階部分は賃貸住宅として貸し出しており、こちらへのアクセスは、裏側からに

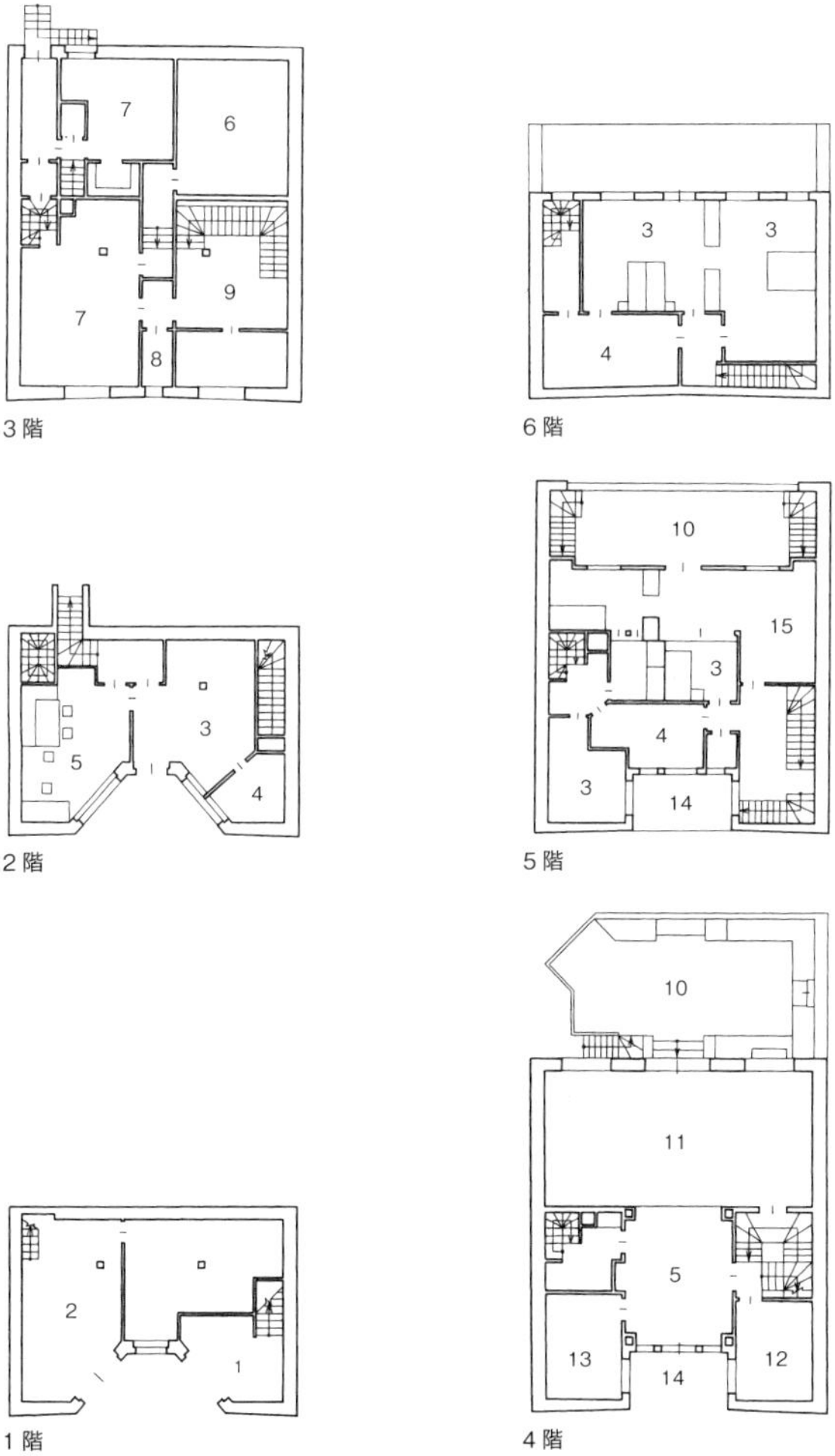

1 エントランスホール
2 ガレージ
3 寝室
4 浴室
5 ダイニング
6 貯蔵庫
7 キッチン
8 トイレ
9 ホール
10 テラス
11 リヴィング
12 スタジオ
13 サロン
14 バルコニー
15 書斎

アドルフ・ロース「トリスタン・ツァラ邸」平面　S=1:400

なっています。ジュノー通りと裏側とでは土地にレヴェル差があって裏の方が高くなっていて、そこから賃貸住宅へ入るようになっています。ツァラ家の人たちは二階を通り越して三階へと上がっていくわけです。つまり二つの異なる世帯が入れ子状の関係をつくりだしているというわけです。ファサードを垂直方向に二つに仕切っていた線は、実はファサードからは見えていない裏側の地面のレヴェルを表していて、ファサード側の三階のちょうど半分の高さで切られています。

断面方向にも、断層のような対称性が埋め込まれています。その断層を境にして部屋の天井高や床の高さが変えられています。それぞれの部屋に必要な高さが与えられます。サロンは圧倒的に高く、トイレは低く。四階ダイニングはリヴィングよりも少し上がったところに床があり、そのあいだの切断面は舞台の幕のようにカーテンがかけられ、そこで演劇が行われることがあったといいます。

室内でも対称性は徹底しています。訪問者は左右対称に設えられた扉のどちらか一つを選択して進んでいくことになり、それを何度も繰り返してこの家を経験していくわけです。しかし選ばれなかったもう一つの扉の向こうにはいったい何があるのか。自分が選んで経験したこの家の総体のほかにも、まだこの家には続きがあるはず。しかしどれだけの続きがあるというのか。当然平面図などを眼にすることがない訪問者は、その家の全体像をはかることができません。扉のうちのいくつかはただの収納扉であったりもするのですが、繰り返されていく二者択一を通して、この家は実容積をはるかに越える潜在的な空間を訪問者の意識の中につくり上げていってしまうことになるでしょう。安定した構造を持っていたはずの古典主義の対称性は、ここでは一転して迷宮をつくり出す道具と化しています。古典主義においての対称性とは、明確な全体の論理を表出する形式のはずでした。しかしロースの対称性は、謎に満ちた深遠に陥れます。しかしそれにもかかわらず、いやそれゆえにこそ、ロースの建築は透明なのです。透明性と迷宮とは矛盾していると感じられるかもしれません。しかし迷宮は、透明性が条件となるのです。透けて見えなければその先に何かがあることがわかりません。透けて見えるからこそ、その重なり合った厚みのある奥行きが感じられるのだし、その先に迷宮が待ち構えているという感覚を抱くことになるのでしょう。

「トリスタン・ツァラ邸」断面模型　階段を中心にして、変化のある部屋が連なっています

近似的建築

ロースが設計するツァラの家は、一つのかたまりとして明確な輪郭を持っています。その輪郭は、装飾をはぎ取られることによってむしろ強調され、無表情なかたまりとなっています。彼は建築を分断させながら、瓦礫に解体することなく、一つのヴォリュームの中に封印させます。家は、平面的、断面的、立

面的にも分断され軋《きし》み合う断片として存在しています。その軋みのあいだに住む人間は、しかしそれにもかかわらず居心地のよさを感じているはずです。住むことのプリミティヴな快楽と、空間を占拠することの子供じみた愉悦、そしてその中に隠れるスリルが、この家にはあるような気がするのです。いまだ誰にも占拠されていない場所を初めて領域化する喜びを感じさせてくれるような家だと言ってもいいかもしれません。アフリカ彫刻のコレクションを家中にちりばめながらツァラは、まるで降り積もった雪の上に初めて足跡をつけていく子供のように、この家を占拠していったように思えてくるのです。

作家は紙と鉛筆があればどこでだって詩をつくることができるわけだから、作家の創作にとって家の持つ意味を推しはかったところで大した意味はないのかもしれません。必要以上にロースの設計にツァラの詩の秘密をさぐることは野暮というものでしょう。ただ、ロースはツァラのためにこの家を設計しました。当たり前に思えるこの事実は、たとえばル・コルビュジエがサヴォワ氏のために設計したということとは少し意味が違います。ロースが設計するほかの家以上に、この家でロースはツァラにしか当てはまらないような特殊解を求めていたようにも思えます。大文字を消し去り、句読点を消し去り、意味の連関に頼らずに詩の全体性を構築しようとする『近似的人間』[2]は、この家で書かれました。この家に沈潜するようにして書き継がれていったのが『近似的人間』だったということだけはたしかです。

一つの全体の中に多様な場を圧縮して閉じ込めようとするロースにとって、室と室とをつなぐ扉は、ひときわ大事な建築要素だったに違いありません。扉を開けることは室があからさまになることであり、謎を解くことのはずですが、ロースにおいては、扉を開けば開くほど謎が深まり潜在性が増幅していくことになります。ロース最晩年の作品であるミュラー邸のダイニングには、キッチンへと続く扉がありあます。当然その扉の両側にはともに同じ形をしたドアノブが取り付けられています。ある冬の寒い日にこの部屋を訪れた私は、このドアノブに触れた瞬間、奇妙なことに気づきました。同じ球形をしたドアノブの持ち手は、冷徹なまでに素材の温度差が感じられたのでした。それは片や象牙でできた持ち手、片やプラスチックでできた持ち手でした。主人の空間と使用人の空間とを分け隔てる触覚的な境界が、ここには引かれていたのでした。開けることのなかった扉が潜在性を生み出し、触れて開けた扉は逆に境界をつくり出す。これほどまでに扉が空間を構築していく建築というのは、いまだかつて存在したことがないのではないでしょうか。

風景のモンタージュ［屋上庭園］

ル・コルビュジエ

複製技術時代の建築

ル・コルビュジエは、近代建築の五原則の中に屋上庭園を加えています。建物の中に自然を導くことによって都市の生活を健康的なものにするために、彼にとって屋上庭園はなくてはならないものでした。しかし彼は、建築や都市が人工的なものであって、その対極として緑あふれる庭園が自然なものだと考えていたわけではありません。彼にとって屋上庭園とは、自然環境を人工的なイメージへと変換させる装置だったのです。

ル・コルビュジエは、複製技術時代の建築とはどのようなものでありうるのかを考えた建築家です。自ら作品集の編集に携わり、近代建築の五原則をうたい、スローガンを宣伝する文章を書く。複製技術の発展をいち早く建築の世界に取り入れ、動かない建築をイメージとして流通させる試みをしたル・コルビュジエ。写真や映画というメディアの強い影響を受け、自らもガルシュのスタイン邸を舞台にしたフィルムを製作するル・コルビュジエ。ル・コルビュジエがメディア戦略に意識的であった最初の建築家であるということがたびたび指摘されてきました。[3]

しかし、近代マスメディアを利用した最初の建築家像をル・コルビュジエに当てはめただけでは、彼の複製技術をめぐる思考を十分に汲み尽くしたとは言い難いのです。ものとしての建築と、イメージとしてのメディアの二分法を前提にした考え方に立つ限り、建築家としてのル・コルビュジエが複製技術時代の建築をどのように構想していたかを理解することはできないからです。ル・コルビュジエは、複製技術時代の建築を考えていました。それは、営業戦略としてのメディアと実制作としての建築とを分けて考えるということではなく、建築それ自体のメディア性を問うということです。当然のことですが、建築は動きません。その場を訪れない限り経験することのできないメディアです。それは物質的な現前であり、事実です。しかしそれだからこそ、たとえパブリックに開かれた公共建築であったとしても、限られた使用者だけしかその場を経験することができないものです。そこでル・コルビュジエは写真の複製技術に着目して、作品集を編集することを通して、建築を場所から引きはがし、複製化しようとするわけです。

写真は事実を転写するものだと考えられています。たとえば絵画と違って写真は、ありのままの事実をそこに自動的に写し出すメディアだということになっています。しかしル・コルビュジエは、自分が設計し竣工した建築を写した写真に加工修正をほどこし、現実とは異なる姿にして作品集に載せるという作業をしています。[4] これをル・コルビュジエの虚偽と摘発することも可能でしょうが、しかしここには興味深い問題が隠れているように思います。頭の中で構想され、設計図に描き写された架空の建築プロジェクトは、さまざまなプロセスを経て、いつしか現実となります。絵空事が現実に置き換えられるわけです。クライアントの要求や施工や敷地の制約などの現実的な束縛の中で、案はさまざまな変形を受けて現実として着地します。当然完全にル・コルビュジエの意図通りに竣工する案件はそう多くはないでしょう。そこで写真上で手を加えることになるわけです。

現実は現実であり、空想や虚構と区別して考えるべきだとする世界像からは、このような操作は決して生まれてくることはありません。唯一無二で不動だと思われている現実が、実はありえたかもしれない可能世界と地続きであること。ル・コルビュジエが写真という複製技術を使用する背景にあるのは、そのような世界像です。ことは建築だけに限りません。彼は絵画をネガにし、左右反転させて、印刷するという試みも行っています。自らの手で描き出した油彩画も、それ自体がオリジナルなものであるというわけではなく、操作が加えられ、編集されていくべきものであるという考え方。人間が描き出したものに機械の手が加わり、現実が多層化されること。また一方で機械の目は人間の手の介入を受けて歪められます。これがル・コルビュジエ的な事態であり、一貫して彼はこのことにこだわり続けていくことがわかるのです。

カメラによる設計

機械が介入することによって生み出される経験の変化を、彼は建築の制作においても追いかけていきます。住宅はカメラである、とル・コルビュジエは言います。そのときに意図されていることは何でしょうか。それは、人間的な視覚とは異なる、機械の視覚が住宅に入り込んできていることを示しているのではないでしょうか。師匠のオーギュスト・ペレとのあいだで窓をめぐる論争を引き起こしたル・コルビュジエは、自らが主張する水平連続窓の効用を採光環境などを根拠に論証していきます。ペレの縦長窓は、立ち止まって佇むためにはふさわしいと彼は言います。静止した自然な風景を室内にもたらすからです。それは自然の奥行きを持っています。

その一方で、ル・コルビュジエが提唱する水平連続窓は、動きながら風景を楽しむ窓です。たとえ観者が静止しているときでも、視線はとどまることなく水平方向に推移していくことができます。室内に水平方向の動きをもたらしてくれるわけです。垂直方向を大胆にフレーミングする水平連続窓は、近景、中景、遠景の自然な区別を曖昧にします。奥行き感のなさが特徴です。視線は、平板的な映像を水平移動=パンしていきます。水平連続窓は、室内と屋外が地続きの同じ現実としてあるように感じさせるよりは、むしろ実空間とは異質な映像として、外部を経験させる装置としてあるかのようです。地続きのはずの屋外の現実世界が、自分とは隔離された映像世界として経験されるということ。

サヴォワ邸には、一つ特殊な窓があります。それは、スロープの終わり、屋上のソラリウムに上っていくその先にぽっかりと空いたピクチャー・ウィンドウです（一三二頁）。そのピクチャー・ウィンドウに向かってまっすぐスロープを上っていく観者は、もはやパンする映像を楽しむことはありません。遠景としての空が奥行きを消去されて切り取られたその窓にどんどん近づいていき、映像はクローズアップしていく。ここがこの映像世界としてのサヴォワ邸の終わりです。

サヴォワ邸は、これだけガラス張りで連続的な回遊動線が巡らされていますから、オープンな一体空間として感じられるのかと思えば、意外にそうではありません。たとえば、サヴォワ邸のリヴィングでくつろぐ人物は、巨大なガラスサッシュを介して、テラスにいる人物となごやかに談笑するようなコミュニケーションをとることはあまりなさそうです。視界に入っていたとしても、その両方の空間では、別々のアクティヴィティが成立しそうな気配すらあります。テラスにいる人物は、たとえば水平連続窓から持ち出された造り付けのテーブルに座って、リヴィングのガラスサッシュと直交して水平方向に切り取られている連続窓の方に向き、またもう一つ別の世界、映像としての風景と強くつながります。サヴォワ邸は、空間が地続きで連続していながらも、そこで生活することをイメージすれば、かなり独立性の強い空間であることがわかります。視線は見通せているのに、別の生活が同時に随所で起こっている姿は、それまでの住宅では想像することが難しいです。

サヴォワ邸でル・コルビュジエは、住宅の中にカメラの視点を導入しようと試みました。それは、透明で均質な地続きの空間ではなく、空間が映像によって分断されるような、不均質で断片的な世界です。

建築が住み手に働きかける感覚は、かつてのような自然で現実的なものではないということ。直接的な現前としての経験をもたらす建築から、間接的でつぎはぎだらけの機械的な経験が、住宅という場で生み出されはじめたのではないでしょうか。

サヴォワ邸の水平連続窓は、横方向に途切れのない連続的なフレーミングを供給していますが、その実、映像としては単調であると言えなくもありません。ル・コルビュジエはサヴォワ邸以後、さまざまな窓の変異形を生み出しては、水平方向に連続する映像表現を執拗に追及しています。たとえば、「オンデュラトワール・パン・ド・ヴェール」があります。ラ・トゥーレット修道院などで用いられることになるオンデュラトワール・パン・ド・ヴェールは、連続的な水平方向の映像の推移に対して、あえてコンクリートリヴを不規則に入れて、連続する映像を切断したり、つなぎ合わせたりしようとします。それは、あたかもエル・リシツキーのフォトモンタージュのように、風景をスローモーションとして切り取っていきます。ラ・トゥーレット修道院は回廊形式になっているために、切り取られる風景は、外部の自然だけに限りません。向こう側の回廊を歩く修道士が、リヴのあいだを通り過ぎる映像が、中庭の自然を通して見え隠れします。現実と映像の複雑なモンタージュが生まれています。

住宅は住むための機械であるとル・コルビュジエが主張するとき、そこにはさまざまな含意があったように思います。一つにはよく指摘されるように、一品生産の建築からプレファブリケーションの複製品として住宅を生産しようとする意味があります。またもう一つには、精密機械として組織されたメカニズムを備えるべきだという視点もあるでしょう。そしてさらに言えば、カメラに表象されるように、人間の生身の経験とは異なる機械の経験とでも言うべきものを住宅に導入すること、機械の目を装填することを目論んでいたのではないでしょうか。

モンタージュ

パリのアパートのペントハウスを改装したベステギ邸（一九三〇）は、機械の視線を住宅に導入するというモチーフから見れば最も興味深い対象となるでしょう。機械仕掛けの建具が随所に盛り込まれたこの住宅は、住むための機械としての住宅のモデルと言っていいはずです。近代建築の五原則の一つである屋上庭園をつくり出してパラペットを高く立ち上げ、屋根のない室内をつくり出します。そしてそのパラペットのエッジをフレームとして見立てて、エッフェル塔や凱旋門といった高層のパリの名物だけを切り取ってあとの風景は捨象します。はるか遠くに存在する凱旋門を、フェイクの暖炉のマントルピースの上に、まるで土産物のミニチュアがちょこんと載っているかのように見せています。遠くにある実物の凱旋門は、フレーミングされることで縮小され、模造化されていきます。

屋上には潜望鏡が設置されており、下階の部屋にファインダーが降りてきています。はるか遠いパリの景色を最も内密な部屋から映像として楽しむ仕掛けがここにはあるのです。近さと遠さを一気に近づけようとする人工的な距離の操作をここに見て取ることができるでしょう。

ル・コルビュジエ「ベステギ邸」1930年　屋上。壁が立てられて屋根のない空間。壁で仕切られつつも、どこまでも空とつながる建築
©FLC / ADAGP, Paris & JASPAR, Tokyo, 2013
D0171

近景としての現実空間と、遠景としての外部の映像を並置させる操作は、すでにサヴォワ邸でお馴染みのものでしたが、このような近さと遠さをシャッフルさせる操作は、さらに継続して行われています。たとえばマルセイユのユニテ・ダビタシオン。その屋上には、さまざまなヴォリュームが与えられたオブジェが散乱しています。これらのオブジェには、遊びや休憩のための機能が与えられているわけですが、このオブジェの形態を決定するのには、周辺の遠景が参照されていることがわかります。たとえば、ランドスケープのマウンドは、五マイル離れた岩山と対応させてデザインされています。

いわゆる借景だと言ってもいいのですが、この対応関係は現実の山脈を模型のような

ル・コルビュジエ「ユニテ・ダビタシオン」屋上の模型の背景に山脈の写真をコラージュ
(出典：Le Corbusier, *Œuvre complète Volume 4,* Les Editions d'Architecture, Zurich, 1946)

ものに変容させます。現実のスケールと奥行きを持った世界を、書き割りのような映像に転化する装置なのです。目の前の手が届くマウンドと、遠くの映像としての山脈をシャッフルさせる空間装置。それがユニテ・ダビタシオンの屋上庭園のデザインであると言えます。モンタージュ。そう、ここでル・コルビュジエが行っているのは、風景のモンタージュなのです。

時間の圧縮［水盤］　カルロ・スカルパ

接合

カルロ・スカルパは一九〇六年に生まれて一九七八年に亡くなったイタリア、ヴェネチアの建築家です。ル・コルビュジエやフランク・ロイド・ライトなどの強い影響を受けながら、終世ヴェネチアで地元の職人たちと建築をつくっていきました。スカルパの仕事は、その多くが改修、リノベーションでした。彼は改修をひたすらやり続けることによって、独特の設計手法、建築の思想を徐々に形づくっていくことになったと思います。結論を先取りしていえば、スカルパにとっての改修の設計は、建物の歴史性や時間を視覚的に読解させる行為ではなかったかと思うのです。スカルパが親しくしていたブリオン一族のお墓を依頼されて設計したのが、ブリオン・ヴェガ（一九七二）です。その中の一つの建物で、鉄骨の柱で持ち上げられた大きな箱が宙に浮いています。いわゆるピロティの形式です。この柱は、一つ一つをクローズアップしてみると、四本のフラットバーを接合して束柱にしています。そしてさらに断面

カルロ・スカルパ「ブリオン・ヴェガ」1972年　池に浮かぶように建つパヴィリオン

方向でこの束柱を継いでいるのです。ここで継ぐ理由は、施工方法と手順の問題が絡んでいるはずですが、しかしそれ以上にスカルパには、柱を途中で継ぎたいという意志が強くあったように見えるのです。柱基の部分もまた継ぎが入っていることがわかります。スカルパは、物と物とが接合している姿をクローズアップして視覚的に表現したいと考えていたのでしょう。こうして途中で継ぐことによって、この構築物はある種の不安定さ、宙に浮いた感覚を生み出しているのです。

このように、スカルパにおいて物理的なジョイントは重要な意味を持っていました。ジョイントの定義は、異なる物質や異なる構築的な要素を結びつけることです。建築はさまざまな物質や構築的な要素が複合的に結びつき合った存在ですから、そこには必然的にジョイントが発生するわけです。しかしそれ以上に、彼にとっては異なる時間や異なる場所、スケールを超えて、小さな建築の室内を超えて、それを取り囲む環境へと接合させたいという強い意志があったように思います。時間を超えるジョイント、スケールを横断するジョイント。ここではジョイントの概念をいささか拡大解釈して、スカルパの建築の中に、時空を接続させる回路を見出してみたいと思っています。スカルパのこの手法が最も印象的に建築化されているのが、

「ブリオン・ヴェガ」フラットバーを接合したパヴィリオンの束柱

ヴェネチアにあるクェリーニ・スタンパーリア財団の建物（一九六三）です。

海の来客

ヴェネチアはよく知られているように、水の都ともいわれ、水運が発達した島です。この建物も道路に面しているというよりは、むしろ水路に面して建っている建物です。改修にあたって道路からのアプローチをつくることになり、橋を渡すことになった。面白いことに人間のためのアプローチとして架けられた橋は、水路に面したかつてのメインエントランスではなく、窓へとつなげられています。人間は窓から建物へと導かれるのです。その代わりに、メインエントランスから導かれることになったのは、ヴェネチアの海の水でした。室内には、展示空間のあいだに水路が巡らされています。展示動線と水路とによって空間の流動性が生み出されているわけです。

潮が満ちてくると、建物の中には緩やかに海の水が入り込んできて、迷路のような水路が水で満たされていく。それは、まるでヴェネチアの縮減模型であるかのようです。人間を脇役に追いやって窓からこっそりと建物へと導く代わりに、海を主役として導いていくこの行為には、スカルパのデザインすべてに通底する倫理観を感じ取ることができるような気がします。

スタンパーリア財団は、改修のデザインです。スカルパは既存の部分を視覚的にあえて見えるようにして、新たにデザインを加えた部分と隣り合わせにぶつけたり対比させたりしています。改修というと、

カルロ・スカルパ「クェリーニ・スタンパーリア財団」1963年
上：アプローチ・ブリッジ。下：通路、エントランス・ホール方向を見る

カルロ・スカルパ
「カステルヴェッキオ美術館」1964年

とかく古いものを覆い隠す意識が前面に出がちかもしれませんが、スカルパは既存の建物に積み重なる歴史性を丁寧に掘り起こし、視覚化していきます。同じことは、中世の古城の改修であるカステルヴェッキオ美術館（一九六四）についても言えるでしょう。外側の外壁は中世からの建物のあり方そのままですが、少しセットバックして内側に、スカルパはガラスの皮膜をつくっています。スカルパのデザイン手法の分析にレイヤーという概念が使われることがあります。レイヤーとは面と面とを層状に重ね合わせていく概念ですが、この建物でも、時間差のある複数の面を重ね合わせることによって、デザインを成立させています。

スカルパがこの美術館で新たに手を加えたことは、構造的な補強、開口部、展示動線の設定に尽きると言ってもいいでしょう。建物の動線自体は、直線的なものですが、彼はそこに彫刻群を絶妙に配置して、見えない動線をつくり出しています。一つの彫像を見終えると、視界の隅の方に、こちらに背を向けて光を浴びた彫像が現れる。その横顔には、窓からの光が印象的に差し込んでいそうに見える。どうしてもその顔が見てみたい。こうして回り込んでその彫像の脇へとそろりと進んでいくことになるわけです。

「カステルヴェッキオ美術館」彫刻群の配置によって見えない動線が生まれている

彫像の佇まい、光の当て方。これだけでスカルパは、まるで石たちが意志をもって物思いにふけりささやき合っているかのような錯覚を見る者に与えてしまうのです。そして静謐なその彫刻たちのいる空間の中では、彫刻たちがその場の主人であり、観客である自分たちはあくまでそこにお邪魔をする来客なのだという慎ましさを知っていくことになるのではないでしょうか。

スカルパの建築における空間の圧縮の例として、別の建物を取り上げてみましょう。カノーヴァ美術館（一九五七）です。イタリア新古典主義の彫刻家であるカノーヴァの仕事を凝縮して小さな空間に集めた美術館です。スカルパは展示空間のデザインに大変な才能を発揮した建築家だと思いますが、普通これほど高密度に彫刻を展示してしまったら、展示空間としては成り立ちません。彫刻作品は、一つ一つの

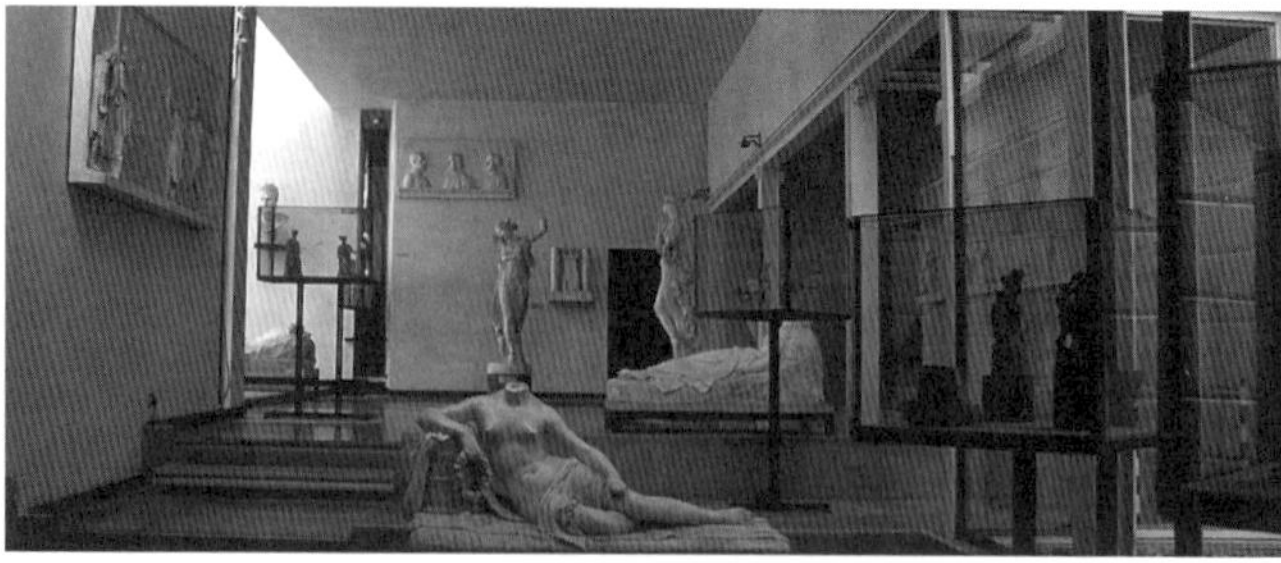

カルロ・スカルパ「カノーヴァ美術館」1957年

作品に対して引きをとることが必要だからです。しかしこの展示空間は、奇跡的に成立している。きわめて精緻に、三次元的にこの高密度な空間の中に彫刻と視線と光とが組み込まれているのです。雑然とちらばっているかのように見える彫刻群の中へと足を踏み出すと、順路が見えはじめるから不思議です。私にとっては、アドルフ・ロースの建築体験と並んで、建築を三次元的にとらえるためのきっかけとなった驚異的な建物でした。

スカルパの建築ディテールは、その職人技的な工芸性とそれを支えるヴェネチアの技術に言及されることが少なくありません。ただスカルパの建築ディテールは、職人技という言葉から思い起こすようなものとは少し違います。反復と継承によって洗練させていくのが職人技だとすれば、スカルパの場合は、試行錯誤と解体によって、伝統をばらばらにして、組み立て直す模型細工のような技術だと言えばいいでしょうか。

その試行錯誤を経て組み立てられるスカルパの建築ディテールを目にするとき、引き起こされる感覚があります。それはひ

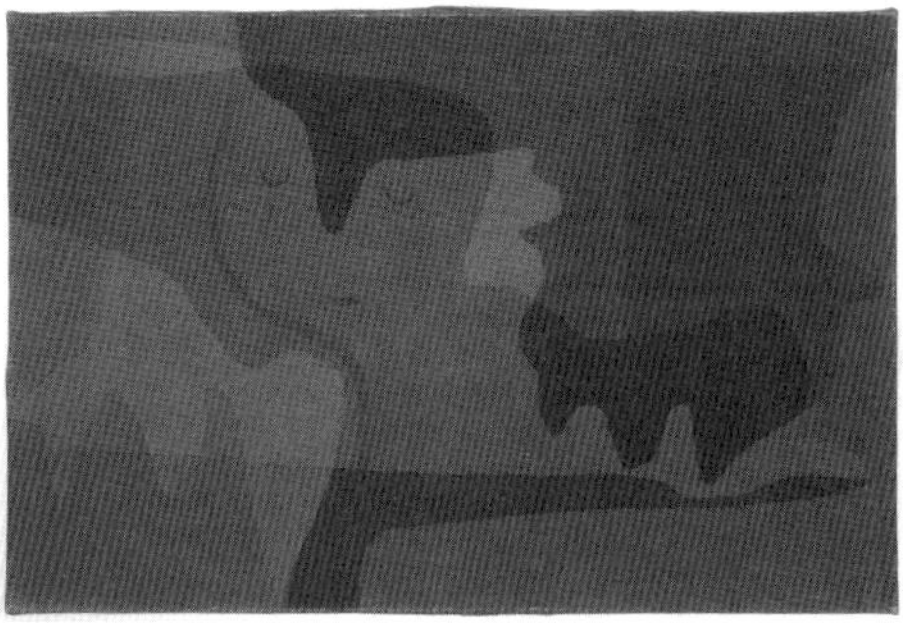

パウル・クレー「スフィンクスのシエスタ」1932年
ミースのコレクションの1つ

とことで言えば、時間が圧縮されたような感覚なのです。建築は物理的・空間的な創作ではあるけれど、スカルパの場合、それ以上に時間が設計されているように感じられます。ここではその感覚について論じてみることにしたいと思っています。

この感覚をもたらしてくれる建築は、あまり多くはありません。質は異なるけれどもミース・ファン・デル・ローエの建築ディテールに、似たような時間感覚を感じることはありますが、むしろ私にとっては、建築よりもパウル・クレーの絵画を見るときの経験にとても近いものがあるような気がします。

ミースがコレクションしていたことでも知られるパウル・クレーの油彩画。奥行きのない平面に一筆描きのような線が領域を分割していく一連のシリーズがあります。見るたびにその一筆描きの線がさまざまなかたちの組み合わせを想起させ、イメージが立ち上がる魅力をその都度発見させてくれます。一つの画面の中に、明快な全体像が見るものに与えられているのですが、視線は、一筆描きの線の上をもどかしくたどり、そのたどる過程でさらにかたちがあふれ出すように浮かび上がってきます。時間の経過を含み込みながらも、一瞬にして与えられる全体。クレーの絵画が、長い時間見つめることを求め、また長い時間の凝視にも飽きさせずに見る者を楽しませる仕組みがここにあります。[6]

スカルパは、モダニズムの美術に深い関心を抱き続けていたし、クレーをよく知っていましたから、その影響関係を論じることも可能ですが、ここでは深入りすることはやめましょう。スカルパの建築ディテールがモダニズムの美術、とりわけクレーの絵画と共振しながらも、その一方で西欧の建築と庭園の歴史、またヴェネチアという都市の歴史と向き合いながら、その歴史を独自の仕方で圧縮・編集していく様子を覗いてみることにしたいと思います。

時間の解凍

クェリーニ・スタンパーリア財団の中庭には、水の取り入れ口として、水源を形態化したといわれる大理石の小さな水盤があります。水盤としてはきわめて薄く、矩形の組み合わせによって構成された平面は、面と面とのあいだに極薄のレヴェル差があります。水は、その一つ一つの平面に滞留し、閾域を超えると表面張力をみなぎらせながらあふれ出し、次の平面へと移っていく。わずかな高低さ、わずかな距離の水の移動。しかしそれはまるでスローモーションにかけられたフィルムでも見るかのように、時間を引き延ばすのです。圧縮されていたものをゆっくりと解凍していくかのように。小さな形態の中に、時間が圧縮されているようです。

流れること。スカルパのデザインには、いつも流れがあります。人の流れ、水の流れ、空気の流れ、視線の流れ。しかしそれは、一瞬にして流れ去るスムーズな流れではありません。立ち止まり、引っかかり、淀み、滞留する。止まっていることもまた、動いていることの一様態でもあるかのように、遅々とした時間が流れ、時間が引き延ばされていきます。この、遅れをともなった時間の動きこそが、スカルパのデザインの本質であると思うのです。そしてその滞る時間が、逆説的にも一瞬にしてディテールに結晶しているという矛盾。この矛盾こそがスカルパのディテールの魅力の核心なのです。

　水の流れは、スカルパにとって特権的なデザインの対象です。[7]よく論じられているように、ヴェネチアでデザインをし続けたスカルパにとって、ヴェネチアを特徴づける水の存在は本質的なのでしょう。クェリーニ・スタンパーリア財団の建物の主要コンセプトの一つは、水門から建物の中に水を引き込むことでした。クェリーニ・スタンパーリア財団中庭の水盤は、ヴェネチアに似ています。高潮による水位の上昇とともに水に浸りながらも、日常生活が営まれているヴェネチア。入り組んだ路地に静かに水が浸透し、淀み、光を含んで鈍く光る姿を、この水盤は小さく再現しています。だからそれを、ヴェネチアという土地の空間的な縮減なのだと言ってもよいでしょう。ただここで繰り返し注意を喚起しておきたいのは、それは形の縮減であるというよりは、ヴェネチアに流れる時間の様相を縮減したものなのだということなのです。

　クェリーニ・スタンパーリア財団の庭にはもう一つ、一九六一年のトリノ博の際にスカルパがデザインしたブロンズの水盤が置かれています。縁まで水を湛えた浅い水盤、入れ子状の水路、水盤全体を地

庭を縁取るように、水盤からの水を導く水路と歩行の動線がめぐらされている

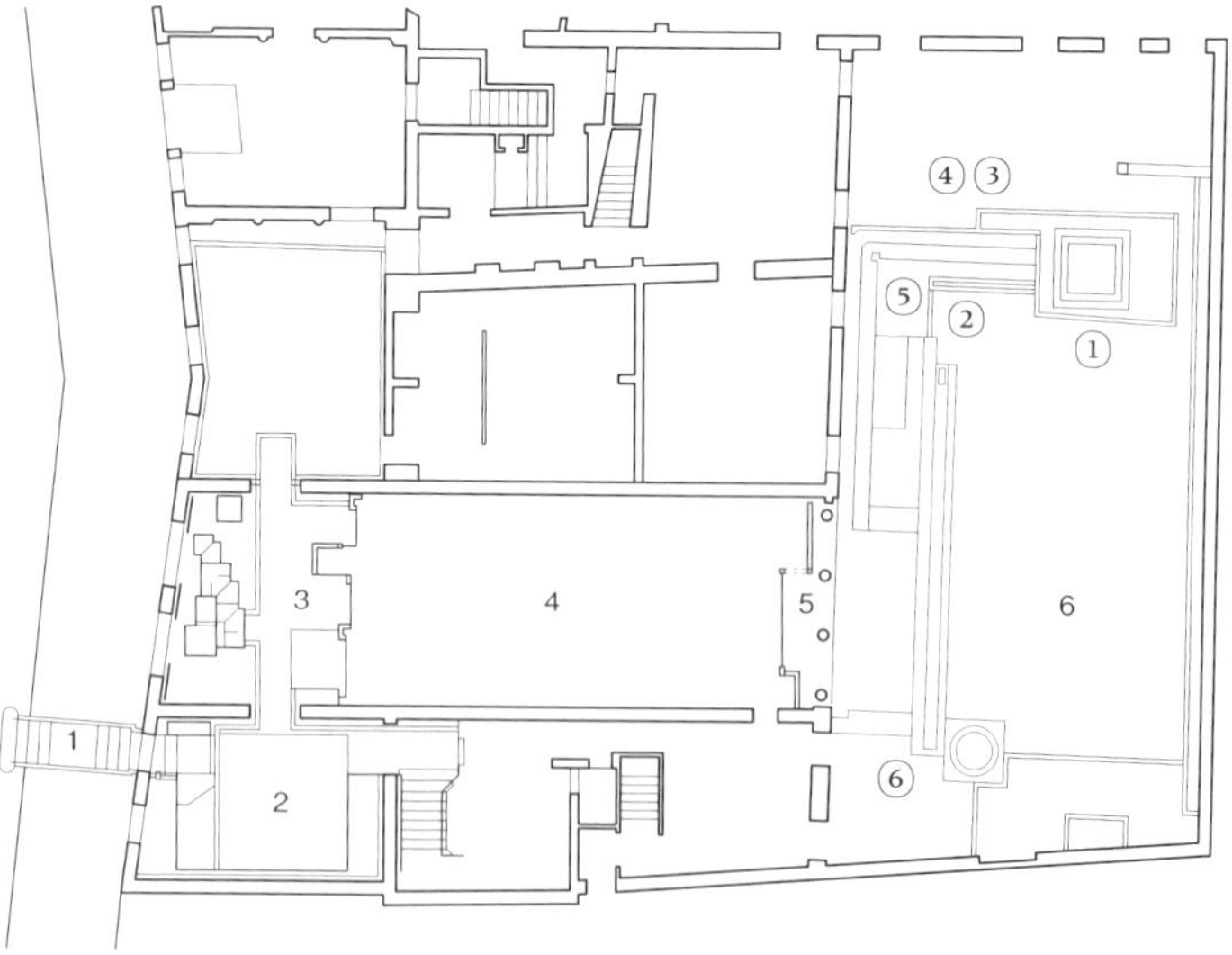

1　アプローチ・ブリッジ
2　エントランス・ホール
3　通路
4　展示・会議ホール
5　庭との出入口
6　庭

「クェリーニ・スパンターリア財団」平面　S=1:400

①

②
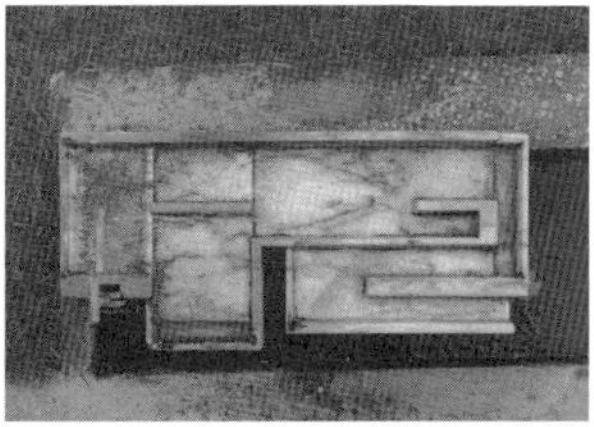
③

④

⑤

⑥

上左：ブロンズの水盤の背後に立つ壁にはモザイクがほどこされている。上右・下右：大理石の水盤。中央左：迷宮を思わせる壁の構成。中央右：壁の下にある小さな水盤。下左：向きを変えながらレヴェル差を解消する階段（写真横と平面図中の①〜⑥を対応させ、位置を示した）

盤面からわずかに浮かせています。ブロンズと水がともに表面に光を反射しています。水もまた物質であり、ブロンズの中の密かな柔らかさが表現されてもいるようです。

時間の圧縮という操作は、ディテールだけにほどこされているわけではありません。クェリーニ・スタンパーリア財団の庭全体にもまた、適用されているのを見て取ることができます。横山正氏は、「高貴なる庭」という文章の中で、[8]クェリーニ・スタンパーリア財団の庭を、小堀遠州による孤篷庵忘筌の庭と比較しています。忘筌の間から庭を見ると、飛石や手水鉢、灯籠など伝統的な茶庭の露地を構成する要素一切が寄せ集められて一幅の絵になっています。露地からの席入りのない忘筌の間は、露地での一連の連続的な経験を、一瞬にして知覚されるものになっています。横山氏は、クェリーニ・スタンパーリア財団の庭は、孤篷庵忘筌の庭によく似ているという慧眼を示してくれています。

クェリーニ・スタンパーリア財団の庭では、噴泉やカスケード、グロッタ、ラビリント、パーゴラなどのヨーロッパ庭園のヴォキャブラリーが、この小さな場所に投入されています。もちろんこの小ささに合わせてスケール調整が施され、絶妙な圧縮具合で寄せ集められたこの空間は、シークエンスを通して、連続する時間の経過の中で経験されてきたヨーロッパ庭園を、空間的にも時間的にも一瞬の静止画の中に閉じ込めようとしているわけです。それもイスラム庭園を思わせる囲われたミニマムな場所の中に。まるでヴェネチアという都市のあり方そのものを形式化しようとしたかのようでもあります。

この庭にある階段のディテールにまでも、この手法は内在化しています。階段は高低差を解消するためにつくられるディテールですが、この階段は水平方向の移動を最小限に圧縮して、その場で上下移動がすむような仕組みになっています。これはル・コルビュジエの水平移動していくスロープと対極にあるような上下移動装置でしょう。この庭園ならではのディテールではないでしょうか。

もちろんこのような圧縮作業には、矛盾や断絶は避けられないと思います。それは全体的な均整や整合性を欠いたモンタージュのような性格を帯びることにならざるを得ないでしょう。そして矛盾や断絶ゆえの不完全さの印象もまた見出されることでしょう。スカルパは精巧な細工師の手つきで、あるいは映画の編集技師のような手つきで、伝統をばらばらにし、また結びつけるのです。

そしてその結果、スカルパの建築や庭を経験するものの側に、その圧縮を解凍する喜びが生まれます。一人一人が経験することによってのみ、圧縮された時間が解凍され、流れ出していきます。スカルパを経験するとは、そういうことなのです。水盤に限らず、スカルパのあらゆるデザインには、時間が表現されています。異なる素材がどういう手順で接合されたのか。既存の古くからある物質にどのように新しい部材が挿入されたのか。そしてさらに物質がそれぞれに所持してきた固有の歴史を展示しようとする意志。建築とは、すぐれて時間的なものです。私たちは、化石や宝石に時間が封印されているのを見て魅了されることがありますが、それと同じようにしてスカルパの建築に惹き込まれます。スカルパの建築は、ヴェネチアの濃密な時間を映し出しているのです。

III 註

1 ミュラー邸の設計の詳細に関しては、以下の文献を参照のこと。Leslie Van Duzer, Kent Kleinman, *Villa Müller: A works of Adolf Loos*, Princeton Architectural Press, 1994.

2 Tristan Tzara, L'homme approximatif, in *Poésies complètes*, Flammarion, 2011. 邦訳：トリスタン・ツァラ『近似的人間』浜口明訳、講談社世界文学全集、一九七五年。

3 たとえば以下を参照のこと。Beatriz Colomina, *Privacy and Publicity*, MIT Press, 1994. 邦訳：ビアトリス・コロミーナ『マスメディアとしての近代建築：アドルフ・ロースとル・コルビュジエ』松畑強訳、鹿島出版会、一九九六年。

4 Le Corbusier, *Œuvre complète, Volume 1-8*, Les Editions d'Architecture, Zurich, 1946-1970.

5 Anne-Cartin Schultz, *Carlo Scarpa: Layers*, Edition Axel Menges, 2007.

6 パウル・クレーの絵画制作の詳細や時間芸術とのかかわりに関しては、以下に詳しい。前田富士男『パウル・クレー：造形の宇宙』慶應義塾大学出版会、二〇一二年。

7 スカルパの水にかかわる建築を集めた作品集に以下がある。Renata Giovanardi, *Carlo Scarpa e l'acqua*, Cicero editore, 2006.

8 横山正「高貴なる庭」『A+U　特集：カルロ・スカルパ』一九八五年一〇月臨時増刊号。

Ⅳ

運動する身体

建築とは、そもそも動かないものです。それゆえの不自由さを抱え込んでいます。しかしそれに比べて自動車や飛行機などの動くメディアは、とても自由に見えます。どこにでも人を連れて行ってくれて、室内空間もある。

しかし建築には、動かないがゆえに生まれてくるような可能性や魅力があります。近代建築を生み出した建築家たちは、建築は動かないという前提条件をうまく利用しながら、建築の可能性をそれぞれのかたちで開いていこうとしました。彼らが追い求めたのは、建築の自由でした。つまり動かない建築を起点にして、自らが動いていく自由の探求だったのです。

建築自体が動かないとしたら、その中で活動する人間は微妙に動いていきます。動かない建築だからこそ、人がその中で自由に動き回ることができます。たとえばル・

コルビュジエは、その自由を拡張したいと考えました。近代的な人間は建築の中で自由に動き回ることが望ましいと考えた彼は、建築の中に連続するサーキュレーションを生み出し、風と光が循環する建築を構想しました。建築の中を動き回る自由こそ、二〇世紀の建築が獲得したものでした。

近代建築は、時間芸術としての建築を誕生させました。しかし建築を分析する手法はいまだにこの時間性を十分にとらえられていません。動きながら、建築を観察してみましょう。

人の動きを導き支える建築のディテールが存在します。動かない建築の中で動きを考えていくということは、その中での人の存在のあり方を考えることです。この章では、人の動きと建築ディテールとの関係を考えていきます。

上：ル・コルビュジエ
「サヴォワ邸」（一九三一年）
サヴォワ邸には、スロープに加えて、
人の動きを螺旋状に包み込む階段が
ある

次頁：ル・コルビュジエ
「開かれた手」（一九八六年）
ル・コルビュジエの手へのオブセッ
ションを象徴するモニュメントが、
チャンディーガルの首都にそびえて
いる

一七四頁：吉田五十八
「吉田五十八自邸」（一九四四年）
書斎の文机の前にもうけられた窓。
クローズアップの風景が迫ってくる

階段を降りる裸体［螺旋階段］

ル・コルビュジエ

斜路と階段

建物の中を動き回る自由。今では当然のように私たちが享受しているこの自由こそ、ル・コルビュジエが一貫して追求した主題でした。二〇世紀の近代人は建物の中を自由に動き回るべきであり、その自由を拡張していくことこそが、ル・コルビュジエにとっての近代建築だったのであり、彼が「建築的な散歩」という言葉で指し示そうとしたものだったのではないでしょうか。そしてかつてフランク・ロイド・ライトが提唱した流動する空間、さらにはミース・ファン・デル・ローエが希求したユニヴァーサルな空間などは、それぞれ違った文脈で、なおかつ多少対立する要素も含み込みながら、建物の中を動き回る可能性の設計であったと言ってもいいと思うのです。

「I　柱の発見」でも論じたように、ル・コルビュジエのサヴォワ邸の中には、中心に斜路が貫通しています。その結果として斜路を中心にして建物全体に螺旋状の動線が生まれています。それは行き止まりのない流れるような動きを生み出しています。この最終案は、ル・コルビュジエに最初から明確に意識されていたわけではありませんでした。彼の設計プロセスをたどってみると、さまざまな試行錯誤の末に徐々にこのサーキュレーションが見出されていったことがわかります。[1]

建築における上下移動装置の中でも、斜路は最も面積を占有します。対極的に螺旋階段は、最小限の水平移動で上下のレヴェル差を解消していきます。斜路は、水平方向に移動しながら連続的にレヴェルが変位していく。そう考えると斜路は、傾斜した床なのだと考えることも可能です。水平連続窓は、人が動きながら外部の風景を切り取り、変化する眺めを供給する装置として生み出されました。サヴォワ邸において、斜路と水平連続窓は連動して作動しています。一階から屋上まで途切れることなく続く動線と視線の流れを、この二つの装置が生み出しています。[2]

サヴォワ邸の屋上には、唯一例外的に水平連続窓とは異なる四角く切り取られた窓が穿《うが》たれています。斜路の行き止まりの正面に設けられたその四角は、ピクチャー・ウィンドウとして、空の青だけを切り取っています。そしてここがこの住宅の終着点になります。いわば水平連続窓の動画の連鎖を体験してきた人は、最後にここで静止画を眼にすることになるわけです。映画に強い関心を抱いていたル・コルビュジエが生み出した連続するシークエンス。

サヴォワ邸は、建物の中を動き回る「建築的な散歩」を実現することになりました。それは、これまでの建築の束縛から近代人を解放する自由な気概に満ちたものでした。ただ、自由とは言っても、ル・コルビュジエが厳密に描き出した時間のシークエンスにしたがった動きが、そこには用意されていました。それは、周到に設計された時間の芸術だったとさえ言ってもいいはずです。

螺旋

ル・コルビュジエは、近代建築に斜路を導入して連続するシークエンシャルな視覚的体験をもたらしました。しかし彼は斜路と対になるようにして、特徴的な螺旋階段も設けています。斜路が床の延長として設計されているとすれば、螺旋階段は空間の中に独立して存在するオブジェのような形態をとっています。建築とは、光のもとに集められた幾何形態のヴォリュームである。彼はこのように建築を定義づけます。大きな箱の中に幾何形態が埋め込まれ、そのあいだに動線ができて、人が動き回ります。幾何形態には機能が埋め込まれます。その幾何形態の一つに螺旋階段があるわけです。

ル・コルビュジエは貝殻が好きで、好んでスケッチをしていました。彼は巻貝の螺旋が数学的に定義づけられることに素朴に感動し、自然界の生物が数学的な秩序を持って生成していることにインスパイアされます。そして建築もまたその秩序にしたがうべく、幾何学的な作図ツールであるトラセ・レギュラトゥールを使用し、また後にフィボナッチ級数と身体寸法を合体させたモデュロールを生み出すことになっていきました。

彼の螺旋への関心は、階段という一つのディテールへの適用を超えて、建築全体の構成へと広がっていきます。二〇世紀にふさわしい美術館の形式を考えたときに、彼は全体を螺旋のかたちとしてとらえ、

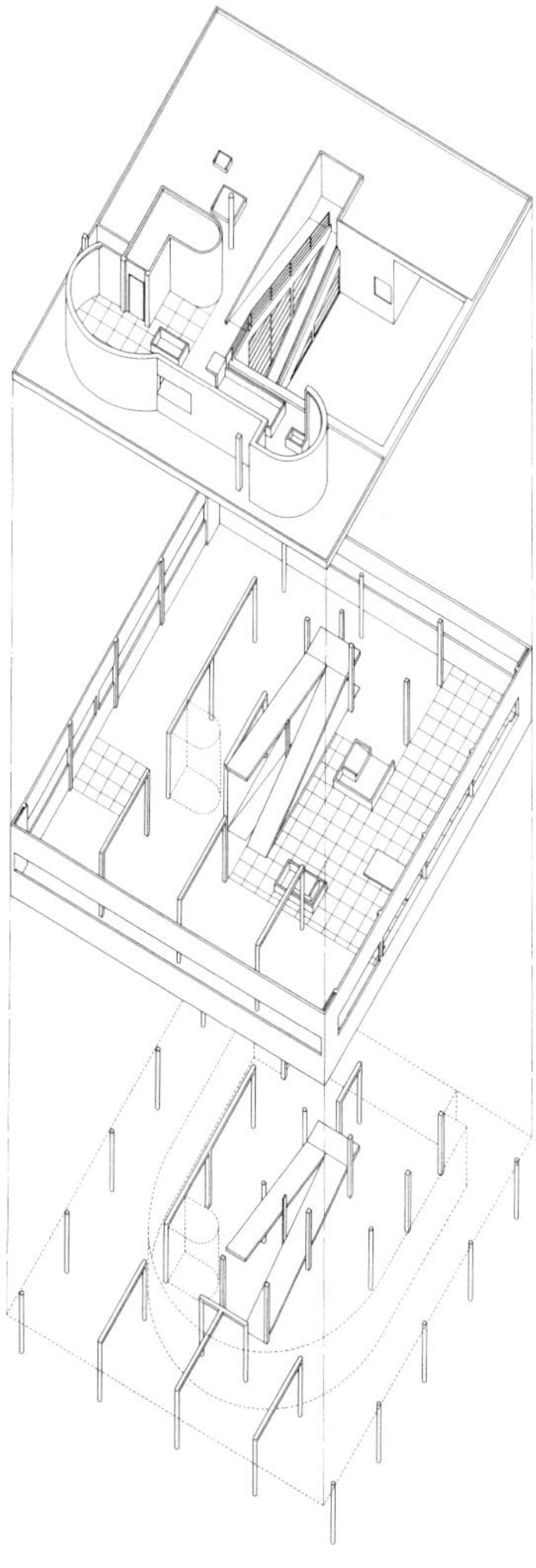

ル・コルビュジエ「サヴォワ邸」1931年　アクソノメトリック

その螺旋が外側に向けて無限に成長していくイメージを思い描いたのです。これからの美術館は、従来の芸術作品にとどまらずさまざまなメディアによる複製作品が収蔵されていくべきであり、これらの無限に増殖していく収蔵品のために、建築自体も成長していくものでなければならない。そう考えたル・コルビュジエは、このアイディアを二〇世紀の美術館のプロトタイプにしようとしました。

建物は全体がピロティによって一層分持ち上げられていて、来場者はそのピロティを通って建物の中心にたどり着きます。中心がエントランスになっており、そこから二階に上がり、螺旋状の展示室を外へ外へと渦を巻きながら進んでいく動線がつくられています。彼にとって美術館とは、この世界の縮図です。そんな美術館が自然界の生物と同じく螺旋という数学的な秩序に則った形態でできていることを理想とし、なおかつそれが持続的に生成するプログラムを内包していることを重要視していたわけです。

痕跡と追体験

ル・コルビュジエの建築を経験していると、痕跡に対する強い感覚を受けることになります。たとえばサヴォワ邸の浴室には、身体の曲線をかたどったオブジェがあります（八八頁）。幾何学的な直線でつくられたイメージの強いル・コルビュジエの建築ですが、室内には随所に曲線や曲面が用いられています。人が裸体を露出させる場所や、身体に近しい場所に曲線を用いるのが彼流のルールなのかもしれないと感じられます。水浴をしながら、ここに横たわってくつろいだり、トップライトから注がれてくる陽光を浴びたりするためにつくられたものなのでしょう。磯崎新氏がこのディテールにインスパイアされて、マリリン・モンローという複製技術時代の偶像の身体曲線をかたどってスケールを作成したことが知られています。ともかくも彼の身体に対する感覚が感じられるディテールです。しかしそうはいっても、コンクリートで打設してタイルで仕上げたこのディテールは、むしろ冷たくかたどられた身体の不自然さが感じられます。身体の動きがフリーズさせられた、ポーズをとらされている身体。ル・コルビュジエ自身が編纂した作品集の写真を見ていても、その感覚は強く描き出されています。内観写真の多くが、先ほどまで人がそこにいて、たった今出て行ったと思わせるようなショットばかりなのです。特に第一巻にそのような写真が多いです。ちょっとずれた椅子の配置、書きかけの書類がテーブルの上に置き忘れてあったりして、人の痕跡が写真に刻印されています。

人の所作や痕跡を感じさせるディテールのうちで最も特徴的なのが、螺旋階段です。彼の螺旋階段は、機能的であることをはるかに超えて、それ自体が運動を表象する芸術作品のような佇まいを見せています。螺旋階段自体もスパイラルの動きをはらむオブジェのようですし、そこを上がったり下がったりする人の身体にスパイラル状の動きを与える空間装置のようでもあります。螺旋階段は、そこを通過する人の動きを拘束していきます。無理矢理螺旋状の運動の中に人を巻き込み、その独特の手すりに触れながら上下することによって、身体は独特のポーズをとらされていくことになります。

彼の螺旋階段は、手すりがとくに素晴らしいと思います。丸パイプのスティールで黒く塗装された細

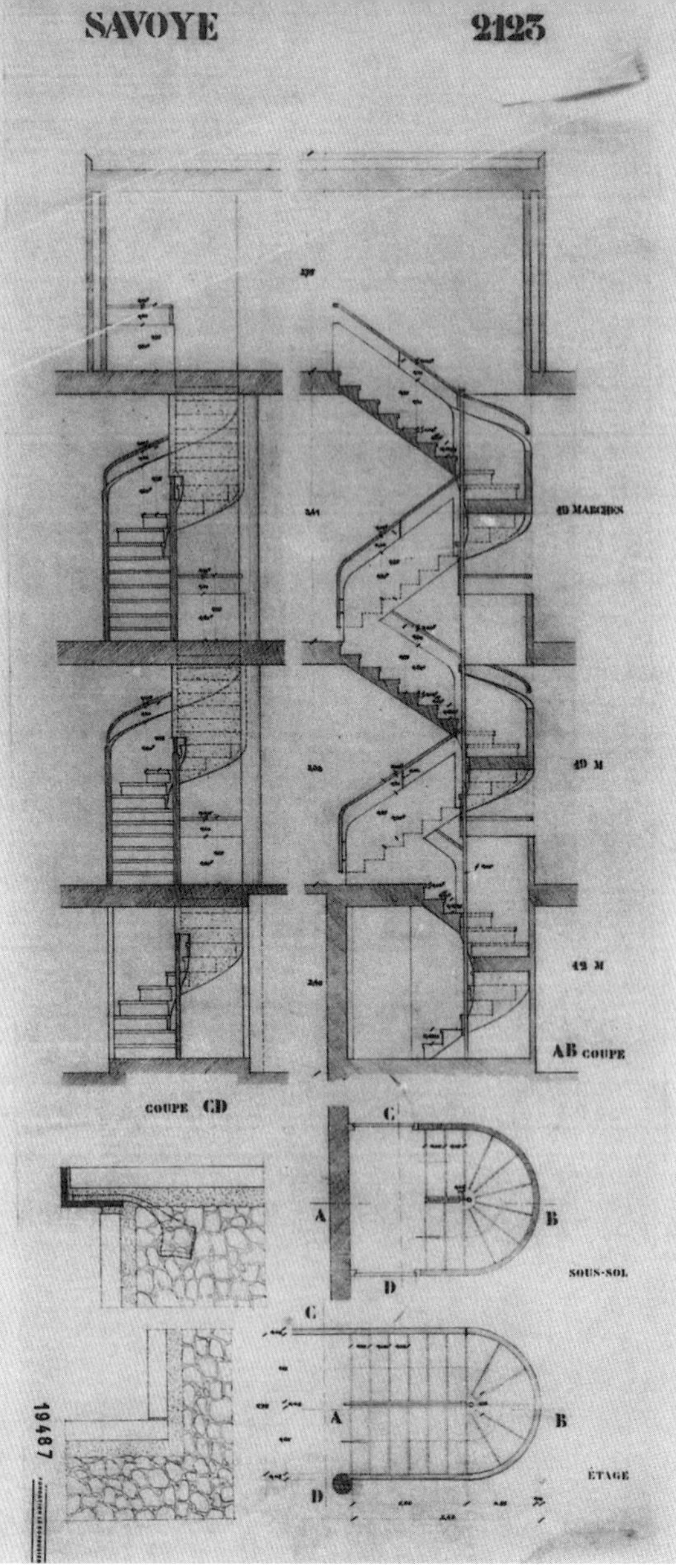

ル・コルビュジエ「サヴォワ邸」螺旋階段の詳細（出典：H. Allen Brooks, Alexander Tzonis ed., *The Le Corbusier Archive Villa Savoye and Other Buildings and Projects, 1929-1930,* Garland Publishing, 1991）

く繊細な手すりは、ある部分は螺旋の運動をトレースし、ある部分は垂直的に螺旋階段を貫通していま す。手すりを持つと人はどういう姿になるか。そしてその姿がこの螺旋階段の曲線状の白いヴォリューム と一体化してどのように見えるか。ル・コルビュジエはこの映像を生み出すために設計の労力を徹底的に注ぎ込んでいるように思えるのです。彼の螺旋階段は、不思議と人の動きをクローズアップさせます。斜路は人の動きを連続的に映し出しますが、階段は段差があるぶん断続的な動きになり、それがスローモーションを思わせます。

残像と時間

マルセル・デュシャンは、「階段を降りる裸体」と題された油彩画を三枚描いています。最初の一枚は一九一一年制作で、螺旋階段の曲線がはっきりとわかるように描き出されています。そしてそこを降りる人体もいくらかその姿が透かし見えるようです。ただしいわゆる再現的な映像ではありません。人体を複数の線に解体しようとする意図がすでにはっきりと現れています。二枚目はさらに抽象の度合いが上がっています。裸体はまるで連続写真を多重露光したように、身体の運動の軌跡を表すような複数の線が抽象的に描き出されているばかりです。

この絵画は、まず何よりもその題名によって物議を醸すことになりました。西欧絵画史において裸体とは、神話上の女神の身体のことでした。絵画の中に描かれた神話の世界で、それは優雅に横たわる存

マルセル・デュシャン「階段を降りる裸体 No.2」1912年　フィラデルフィア美術館所蔵

在であり続けてきました。その女神が、あろうことかあたかも生身の女性であるかのように着衣を身につけずに階段を降りているとは何事か。おそらくこうした反応がこのタイトルによって引き起こされたのでしょう。

この絵画には、はっきりとしたイメージの源泉が存在しています。それは、エドワード・マイブリッジやエチエンヌ＝ジュール・マレーという生理学者が撮影した高速連続写真でした。マレーは生物の運動のメカニズムを研究するにあたって映像技術の重要性に気づき、露光時間を短くした連続写真の技術を発明していくことになります。マイブリッジが撮影した連続写真の中に、女性が裸体で階段を降りる姿を連写したものが残っています。デュシャンはこの連続写真を参照しながら一つ一つの裸体を重ね合わせ、時間の変化に合わせて微妙にずれて動いてい

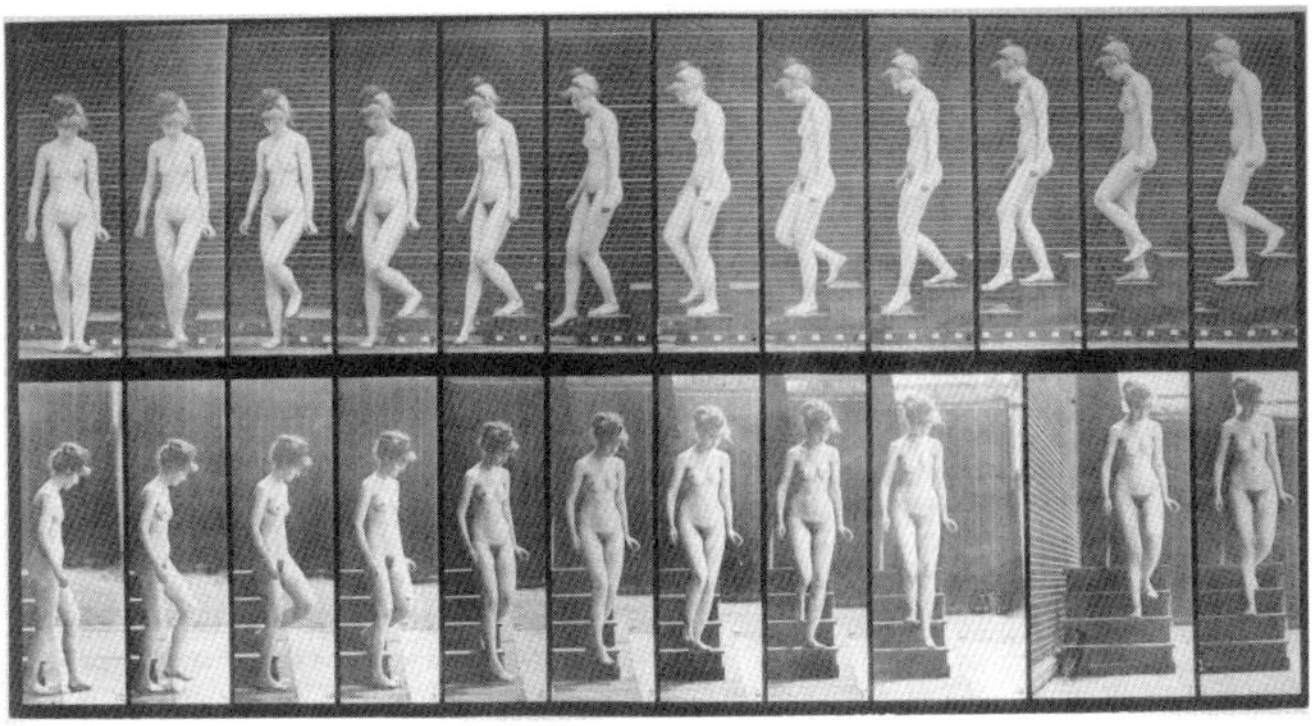

エドワード・マイブリッジ「階段を降りる女」1887年

く姿を描き出したのでした。絵画の一つの画面の中に、推移する時間を封じ込めようとしたのです。

デュシャンに限らず、この時代に推移する時間の持続という問題に関心を抱いた芸術家は、少なからずいました。イタリア未来派のボッチョーニやジャコモ・バッラもまた、絵画という静止した世界の中に時間の持続をどのように表象することができるかという問いに熱中した芸術家たちでした。[3]デュシャンと同じ年の一八八七年に生まれて、後にキュビスムに対抗してピュリスムを提唱することになるル・コルビュジエは、デュシャンや未来派のこうした試みを強く意識していました。絵画では直接的に連続写真を用いた時間表象は決して行いませんでしたが、彼の建築は時間の操作を主題としていくことになったのです。

触る建築［把手］　ル・コルビュジエ

手

建築と手との関係は、建築論ではあまり取り上げられることはありません。しかし人間の手という身体部位は、建築と直接触れ合うほとんど唯一の身体器官です。扉の引手や把手を触る。手すりを触る。壁に手をつく。私たちは手を使って、建物に働きかけていきます。手は、私たちと建築との接点です。近年では既製の金属製品が普及して、レバーハンドルや手すりなどのディテールに建築家の独自性が発揮される機会が減ってきていますが、近代建築の黎明期の建築家たちはこの接点の重要性を強く認識していました。その中でも、この接点を蝶番のようにして人間と建築との鏡像関係をつくり出そうと試みた建築家がいました。それが、ル・コルビュジエです。彼の把手について語るためには、まず建築の擬人化について考えてみる必要があります。[4]

ル・コルビュジエは、建築の全体と部分との関係をルールづけるために、トラセ・レギュラトゥールと呼ばれるものを使用していました。これは建物の立面の寸法を統御するために考え出された、黄金比と対角線を利用した作図法です。ヴィオレ＝ル＝デュクが、ゴシック建築で使われている手法として紹介し、後に『建築史』の著者であるオーギュスト・ショワジーによって広く伝わることになるものです。この方法に決して満足していなかったル・コルビュジエは文献の渉猟と研究を重ね、やがてある一つの寸法体系にたどり着くことになります。人間の身体寸法が、フィボナッチ級数と相関関係があるという認識のもとに、身体各部の寸法を級数で整理していくわけです。彼はこの寸法体系をモデュロールと名づけます。[5] ここには、当然虚構があります。なぜなら人間の身体寸法は、人それぞれ全く違うはずだから、いったい誰の身体を指して、フィボナッチ級数と一致すると考えればいいのでしょうか。この発想の背後には、身体の多様性を差しおいて、理想的な身体が一つあるはずだという思考方法が潜伏しています。この思考方法は、西欧建築の中に潜伏してきたものでした。

キアスム

アントロポモルフィスムという言葉があります。[6] 建築と人間の身体を相似として合一化させようとする思想を表す言葉です。十字形の大聖堂の平面形が、人間が手を横に伸ばしている姿と相似的な関係にあると信じられていたわけです。ここでいう人間とは、理想的なプロポーションの身体を持った、神の似姿としての人間を指しています。レオナルド・ダ・ヴィンチをはじめとする、ルネサンス期の芸術家たちは多くがこれを研究しています。正円の中に人間の身体のプロポーションが収まるのが理想的な身体像であり、なおかつその身体のプロポーションを使って、建築や絵画がつくられています。その根底にあるのは、宇宙のあらゆる被造物は神の似姿であって、その最も理想的なのは円であるという思想です。一九世紀には、こうした思想は途絶えていた。ル・コルビュジエは一九世紀以来のフランス・アカデミーの伝統に背を向けながら、一方でこうした歴史的な思想とあらためて手を結ぼうと考えていたのです。

一九四〇年代に確立されたモデュロールは、ル・コルビュジエの事務所の設計を大きく変えていきました。所員たちは、文字通りこの尺度を持って設計作業にあたり、極端に大きいスケールで適用が不可能なもの以外にはすべてこの寸法が適用されていきました。モデュロールの寸法を当てはめていけば、部分同士が関係を持ちはじめることができます。かつてアントロポモルフィスムは、主に平面形の相似に適用されていたものが、断面方向にも適用され、より人間の身体感覚との相関関係は強められたと言っていいでしょう。トラセ・レギュラトゥールが幾何的な作図法だとすると、モデュロールは代数的だと言えるでしょうか。対角線に基づいていたトラセ・レギュラトゥールが暗黙のうちに矩形という図形を前提としており、初期の建物が矩形を中心とした幾何図形が多かったのに対して、モデュロールを使いはじめた途端自由な形が増えはじめたのも、決して偶然ではありません。ル・コルビュジエは、モデュロールを手に入れることで、かたちは自由であっても部分が関係し合う空間を手に入れるようになったのかもしれません。

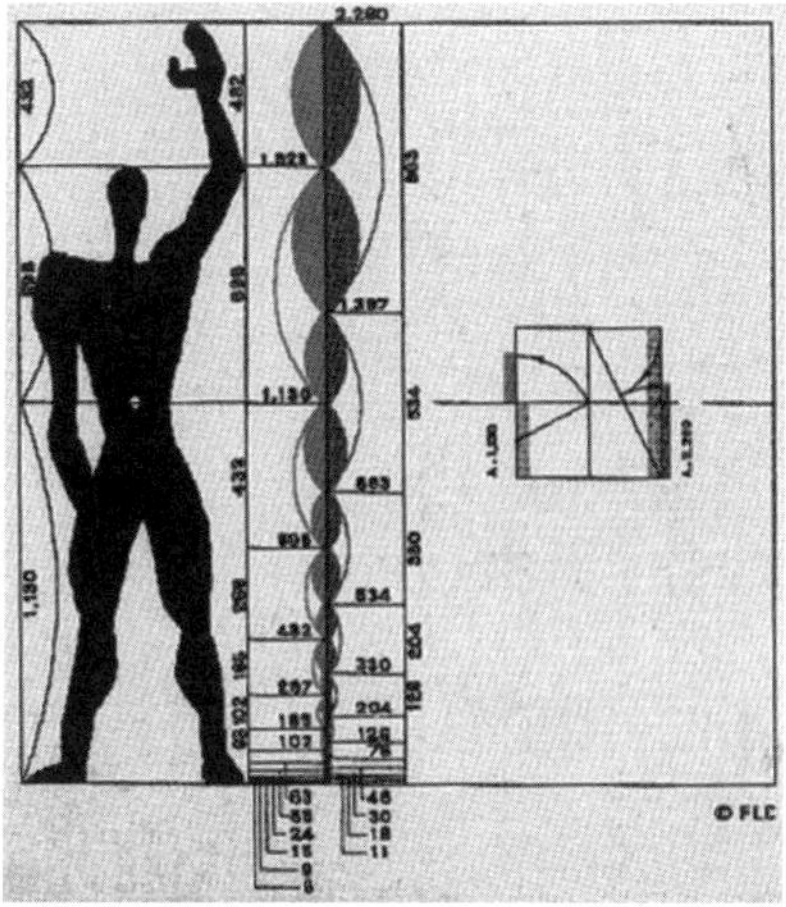

ル・コルビュジエ「モデュロール・マン」
（出典：Le Corbusier, *Œuvre complète Volume4*, Les Editions d'Architecture, Zurich,1946）

しかしある規模を超えると、モデュロールの適用には無理が生じます。インドでチャンディーガルの首都計画に取り組む際に、彼は都市全体を人間の身体の構成になぞらえて計画しました。首都機能が集結する地域を脳に、公園を肺にという具合です。しかし全体の寸法に関しては、五〇〇メートル単位というモデュロールとは関係のない単位設定にせざるを得ませんでした。身体と建築の合一の夢は、規模の拡大によって無効になってしまうことが露呈したと言ってもいいかもしれません。

モデュロール・マンとは、モデュロールの寸法を体現したキャラクターのことです。この寸法を具現化した身体をつくり出すということ自体が、理想的な身体像を前提にしていることを示している気がします。手を開いた状態で描き

アンリ・マティス「コリウールのフランス窓」1914年
ポンピドゥ・センター所蔵

出されていますが、この手を伸ばした先の寸法が、居室の天井高になります。つまり手を開いて伸び上がった姿が、人間のための居室の断面と一致するわけです。現代の感覚だと少し低すぎると思われるかもしれませんが、足裏が床面に触れ、指先が天井面に触れることで、身体が空間を触知可能なものにしていく感覚が伝わってくるような気がします。

モデュロール・マンの開かれた手。ル・コルビュジエは身体の中でも特に手に象徴的な意味を見出しています。手から人間の生産のすべてがはじまっており、手は人間の技術や思想の起源なのだという考え方。『直角の詩』と名づけられたル・コルビュジエの詩画集があります。その中に扉の版画が繰り返し描かれています。こちらの空間があって、扉があり、その扉は開いたままである。そしてその向こうにはさらに空間が広がっている。別の空間から別の空間へと入ること。その瞬間を描き出そうとしています。

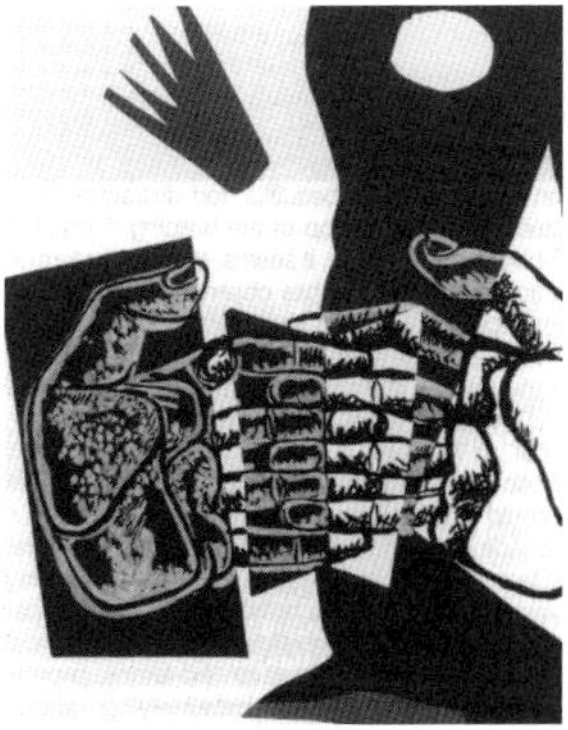

ル・コルビュジエによる握手する２つの手（出典：ル・コルビュジエ『直角の詩』）

アンリ・マティスもしばしば描いた扉や窓の絵画。それは二次元の平面の平面性を意識させながら、奥の空間を示唆するための格好のモチーフになっています。『直角の詩』は、ル・コルビュジエがいかに空間から空間へと入ることの意味を大事に考えていたかを表しているように思います。「開かれた手」という言葉が読めます。扉は人間の手によって開かれます。この開かれて差し出された扉に、開いた手を差し伸べる姿を重ね合わせているのでしょうか。もう一つの版画には、手と手、指と指を噛み合わせている姿が描き出されています。これは同じ人の手なのか、それとも違う人同士が握り合っているのか。二つの手は対照的な色で表現されていながらも、部分的に色が転移して反転していきます。二つの手が噛み合って、領域が反転していく。これはきわめてル・コルビュジエ的な表現の位相です。

手は触ることを通して獲得される知性の象徴であると、ル・コルビュジエは言います。私たちは一般に、触ることは感覚的な出来事だと考えがちです。ところがル・コルビュジエは、触ることはむしろ知的なことなんだと言うわけです。[7]見たり触ったりするという感覚を通して人間は知的な思考をする。建築は触れることによって人間に思考を促すということ。ここにル・コルビュジエの感覚の論理学があり、ル・コルビュジエの触覚的知性は、人間が直接触れるディテールに集約されていると考えることができるのです。

フィルミニ＝ヴェール文化センター（一九六五）のメインエントランス。その扉の押手には、デフォルメされた手のかたちがレリーフ状に埋め込まれています。鏡面仕上げのステンレスプレートを強化ガラス扉に両面から貼りつけて、プレートの手を当てる部分がそのまま手の形に彫り込んであるのです。それは、まるで手形の標本でもあるかのようです。人間の手が手の鋳型にはめ込まれて、扉に力がかかり開いていく。痕跡としての建築と生身の身体とが重ね合わさる事態は、ル・コルビュジエにお馴染みです。扉を開けて空間へと入ることを大事に考えた彼だからこそ、扉を押して入る内開きは当然のことだったのかもしれません。人を迎え入れるのには内側に扉が入り込んでいく方がスムーズですし、流れるような動きをつくり出すことができるからでしょう。手と手を握り合うような把手のディテールもあります。把手を握ったら、握り返されてくるような感じは奇妙なものだと思いますが、ル・コルビュジエは大真面目で、人間の手と把手との握り合いを生み出そうとしています。ちょうど『直角の詩』の握手する版画のように。[8]現象学者メルロ・ポンティは、見るものと見られるものが相互に可逆的に侵蝕し合っている状態をキアスムと呼びました。[9]ル・コルビュジエの手のディテールは、現象学者のこの概念

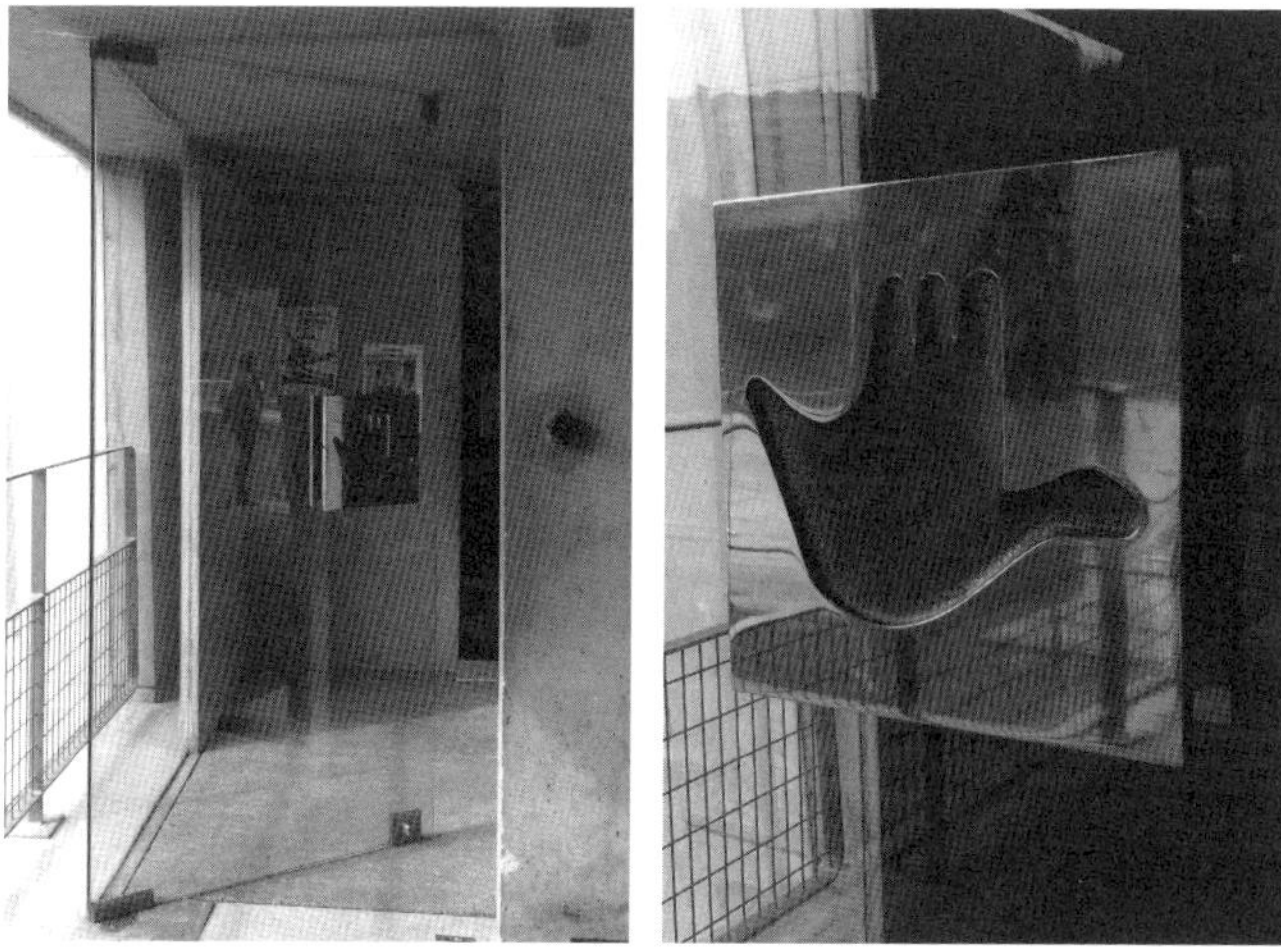

ル・コルビュジエ「フィルミニ＝ヴェール文化センター」1965年　左：メインエントランスのガラス扉。右：扉の押手に埋め込まれた手のレリーフ

を呼び起こします。

パラソル

ル・コルビュジエが唯一実現させることができた都市計画チャンディーガル。その首都機能の建築群の中にひときわ奇妙なモニュメントが立っています。その名は、「開かれた手」。中空のコンクリートフレームの中を鉄骨の柱が貫通し、その上に巨大な手のかたちが浮かび上がっています（一七三頁）。そのかたちは、フィルミニ＝ヴェール文化センターの扉のレリーフのかたちと同じものです。デフォルメされているから、手のようにも見えるし、何か鳥のようにも見えるかもしれません。

これは特に機能はなく純粋なモニュメントです。このモニュメントは当初から彼によって計画されていたものの、予算の関係から削除されることになったときに、彼は当時の文化省の大臣だったアンドレ・マルローに掛け合い、何とか実現したといういわくつきのモニュメントです。首都機能は、チャンディーガル全体の都市計画においては、身体の比喩で言えば知性をつかさどる頭にあたる部分です。知性には必ず手が介入するのだと信じていたル・コルビュジエは、ここに手のモニュメントがどうしてもほしかったのかもしれません。

ル・コルビュジエがフランスで、幾何学的な抽象性に基づいて建築を設計していた時代には、屋根にはあまり意識が払われなかったのでした。屋根は陸屋根で、地面の再生産としての屋上庭園がつくられるのだから、屋根というよりは、もう一つの人工地盤としての意識が強かったのでしょう。ところがさまざまな建物で雨漏りの苦い経験を経て、屋根に対する意識が徐々に芽生えてきます。特にインドでは屋根は自立して表現されています。彼は、屋根をパラソルと呼びます。建物を覆うパラソルが最も重要な要素であると言うようになります。そのパラソルは、覆うものの原型である。そして覆うという行為の原型は、手を差し出し掲げるという行為であるというわけです。ル・コルビュジエにとって、パラソルの原型は手なのです。手に庇護された建築。手に注目すると、ル・コルビュジエ独特のアントロポモルフィスムが浮かび上がってくるのです。

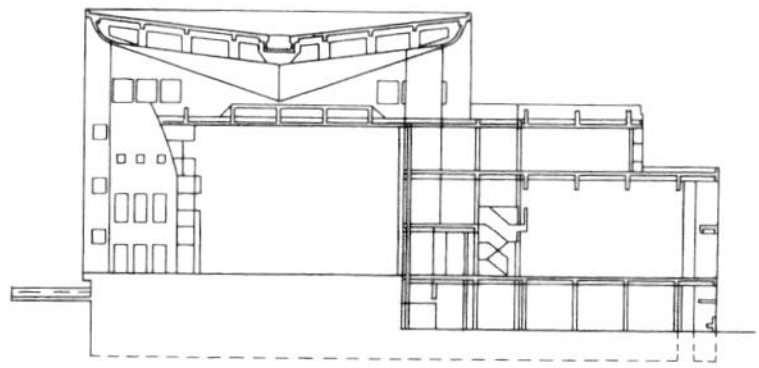

ル・コルビュジエ「高等裁判所」1956年　断面　S=1:1200

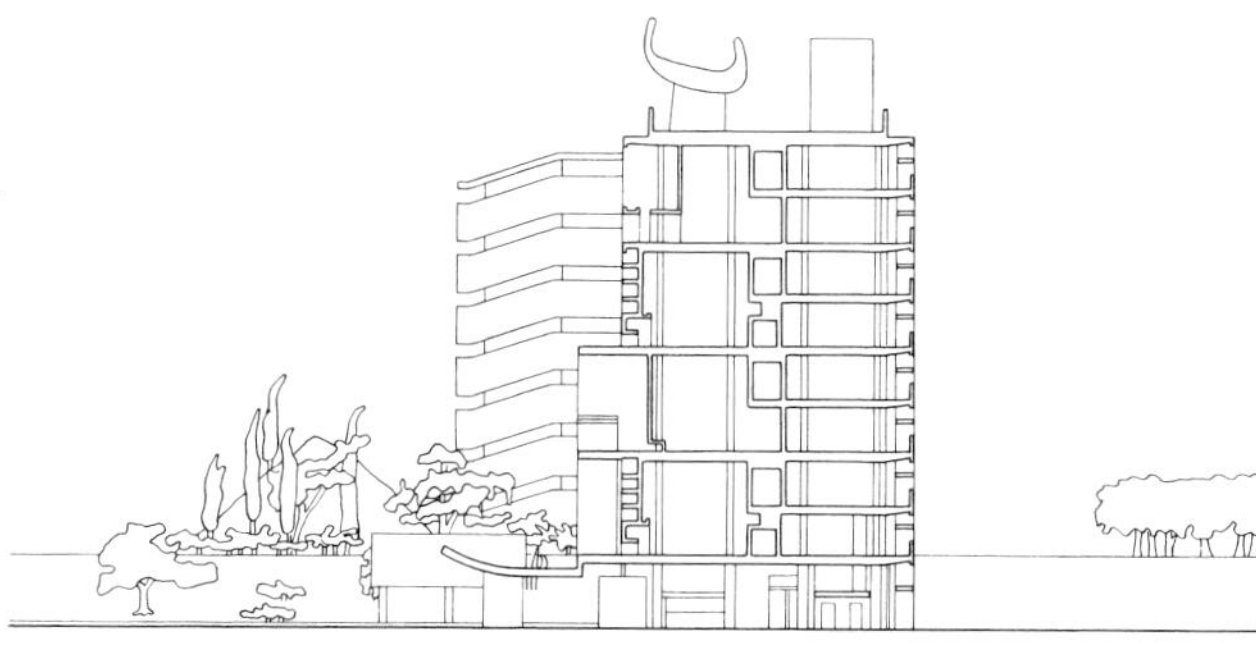

ル・コルビュジエ「合同庁舎」1958年　断面　S=1:1200

四五度［刃掛け］

吉田五十八

四五度のディテール

刃掛け。木部と壁との取り合い部分において、木部の見付け部分を薄く軽快に見せるために、木部をしゃくって見付けを細くした納まり。近代数寄屋の大成者として知られる吉田五十八が好んで用いることのディテールは、物質が本来持っている厚みを隠すことによって繊細な抽象性を建築に与えます。それによって建築の構成要素が、厚みのない面や線という幾何学に変換されて現実世界に降り立ちます。一般的にはこうしたディテールは、感覚的で美学的な趣味の問題として考えられがちです。しかし吉田五十八において刃掛けは、美学的な問題を超えて建築設計の理論を支える中心的な要素になっているように思えるのです。[10]

画家の山口蓬春のアトリエ（一九五四）の増築では、外部に面した建具の枠回りが四五度に面取りされています。正方形の画室の床には、網代状に四五度の角度を振ってフローリングが敷き詰められています。フローリングの四五度のラインと建具の枠回りの四五度のラインがちょうど揃っています。その

吉田五十八「猪股邸」1967年　柱の面取り（左）と枠の刃掛け（右）。木材の物質感をはぎ取り、視線のガイドラインになっている

ため画室の中心に立つと中心軸から四五度の角度ずつ振ったところに建具枠のスクリーンがあり、その向こうに透視図法の空間が立ち上がります。

猪股邸（一九六七）では、門から玄関へと至るアプローチは軸がずれていて、能の橋掛かりのように四五度の角度がつけられています。アプローチの床タイルも四五度に振れています。斜めに歩いて玄関にたどりつき、玄関の四五度の床タイルの方向に視線を向けると、片や居間に続く建具が、片やユーティリティへとつながる建具が目に入ってきます。猪股邸の室配置の中心である食堂にきてソファに腰掛けると、その床仕上げが網代状のフローリングでまたもや四五度の角度に振れていることに気がつきます。その四五度の方向に目を向けると、廊下と部屋がジグザグ状に折れ曲がっているにもかかわらず、ずっと先まで視線が抜けていきます。突き当たりには婦人室の収納扉が見えま

「猪股邸」45 度に振れた玄関タイルの方向に視線を向けると、居間を通して庭へと視線が抜ける

すが、ガラスの扉には四五度の角度の庭の風景が映し出されます。ここまできて、刃掛けや面取りのディテールと平面計画とが連動していることがわかってきます。

一つの庭、複数の庭

猪股邸の室配置は、南面に設けた大きな庭に対して各室を横並びにした実に単純なものです。北側にはユーティリティをはじめとして使用人のための室があるために、中心に中庭を設けて採光を補っています。吉田五十八の建築は、庭と完全に対で設計されています。ここまでは、日本建築の伝統の基本として言い古されてきたことだと思います。しかし結論から言えば吉田五十八の建築は、一つの庭を複数の庭として知覚させるメカニズムを持っています。それはどういうことでしょうか。

猪股邸の室配置は、南庭に対する平行配置だと言いました。東側から大きな居間、婦人室、タンス室、和室。この順番で部屋の気積や集まる人の数、公共性の度合いなどが大から小へと変化していきます。室面積はもちろんのこと、天井高を高くし、庭への開口面積も大きくとった居間。天井高を低く抑えたり欄間などによって上方の仕切りを加えた和室。こうした平行配置のグラデーションは、吉田五十八の他の住宅の多くに共通する性質です。たとえば吉田五十八自邸（一九四四）では、最も西側には吉田自身が一人で使用する書斎があり、人一人分のスケールで設計されています。

各室で使われる仕上げ材も室ごとに多様になるように設計されています。床材だけを見ても木材、絨

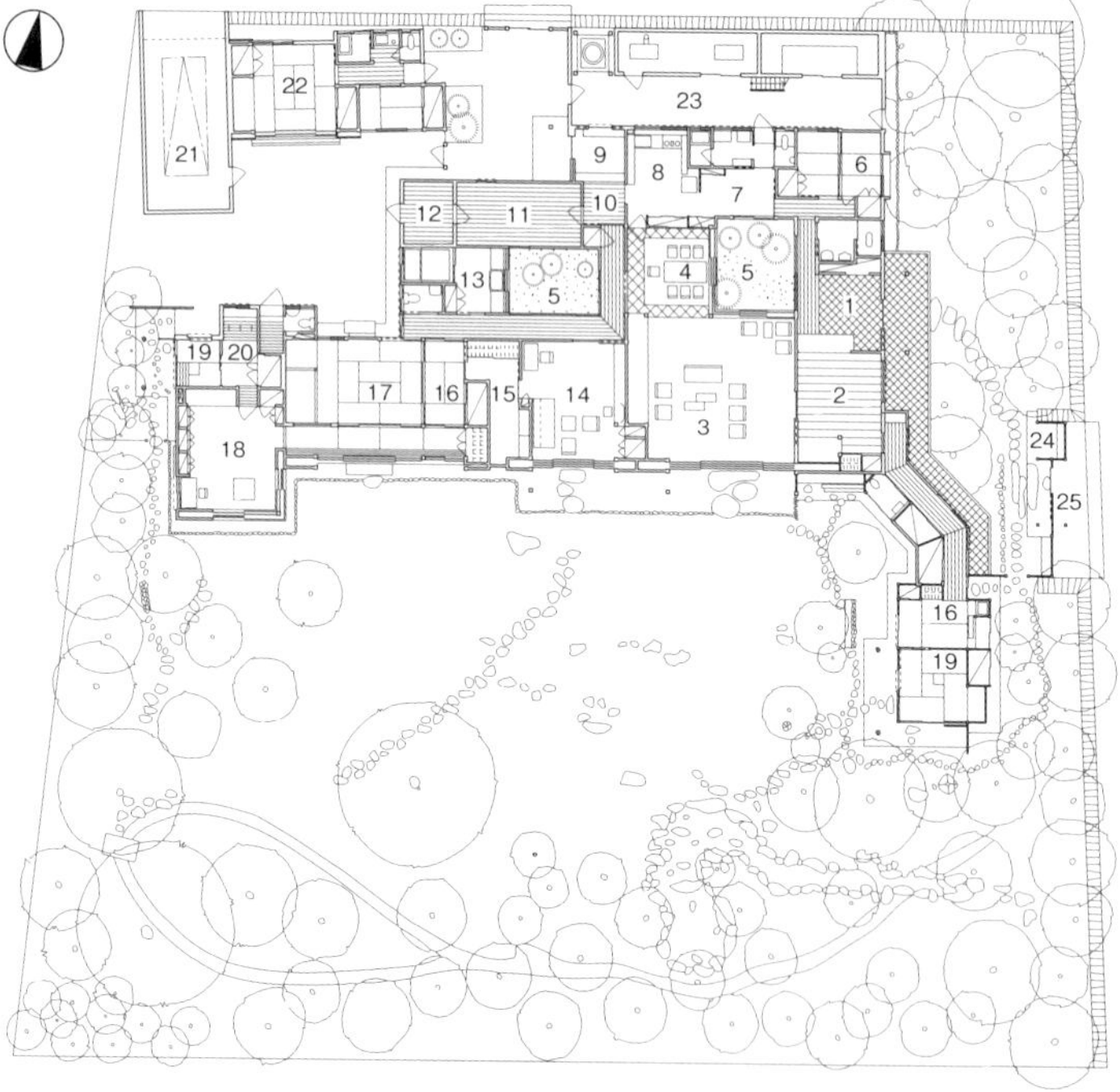

1 玄関
2 ホール
3 居間
4 食堂
5 中庭
6 女中室
7 多用室
8 厨房
9 内玄関
10 取次
11 納戸
12 貴重品納戸
13 脱衣室
14 婦人室
15 タンス室
16 次ノ間
17 和室
18 書斎
19 茶室
20 水屋
21 車庫
22 付属屋
23 ユーティリティ
24 待合
25 門

吉田五十八「猪股邸」 平面（1967 ～ 1998 年） S=1:500

毯、畳、石材などが機能に応じて使い分けられています。吉田五十八は近代数寄屋の大成者だと言われますが、和風の生活の中に洋風の生活が混じり込んできたときにどのように空間を統御させるかという問題に頭を悩ませています。その時に彼が参照にしたのが平安時代の寝殿造でした。平安時代は畳座が確立する以前であり、その頃の日本人の生活スタイルを手本にしながら、近代生活に適合した日本建築を模索したのでしょう。スケールと仕上げを相関させながら、彼はそれぞれの室の理想的な環境づくりを考えたのでしょう。

さらに重要なことは、室のスケールに応じて庭もまたスケールを変化させていることです。居間に面した庭の部分は奥行きをゆったりととっています。居間に近接する部分には樹木を配さずに開かれた場所をつくり、徐々に奥に行くにしたがって樹木の配列によって空間を狭めていきます。これによって透視図法が強調されています。隣の婦人室は、スケールがぐっと小さくなります。テーブルセットがあり、二、三人がここに集まってくつろぐようになっています。庭も、近景に木が配置されてややクローズアップの視点に変化しています。

さらに和室に移動すると、ここから視点は一気に下がります。椅子座から畳座へと変化するのにともなって、庭との関係も大きく変わります。開口部は障子で、何枚かがレイヤー状に重なり合ってスクリーンがつくり出されているようです。障子の枠によって縁取られることによって庭の風景は切り刻まれ、超クローズアップになっていきます。猪股邸ではないのですが、吉田五十八自邸ではこの先に書斎

「猪股邸」食堂室から中庭に正体して左 45 度の方向にもうけられた視線の抜け

があります。書斎では文机の目の前に開口があり、その目の前には近接して樹木が植えられています。細密画のような拡大した絵の世界が、文机の前に広がっています（一七四頁）。こうして配置図では一つの大きな南庭だったものが、室内からの経験では複数に分解され、まるで異なる庭を体験しているかのように立ち現れてくるわけです。自然の生物を使った庭の方こそが建築よりも厳密に設計されているかのような印象を与えてくれます。

独立と連続

複数の庭に分解されているという印象を生み出すのに貢献しているのが、廊下です。平行配置の各室ですが、室と室との連鎖を断ち切りながらつないでいるのが、北側で各室に接する廊下です。折れ曲がって続く廊下は、各室の経験をリセットして、南庭とは異なるスモールスケールの中庭をいったん目に入れさせながら次の室へと導いていています。

ここで再び、四五度の角度が重要な役割を果たしていることに気がつきます。室の中心に立って庭に正対したときの左右四五度の方向には、視線の抜けが設けられています。このルールはすべての室に完璧に当てはまるというわけではないのですが、猪股邸の食堂室の中心に座るとこの抜けは顕著に感じられます。しかし四五度の方向以外では、室はかなり独立性の高いものになっています。だからこそ室ごとが異なるスケールに感じられるわけなのです。室と室とをつなぐ廊下が雁行状に折れ曲がっていますが、やはり四五度の方向には抜けていて開放的に見えるのです。機械的に平行配置されたような部屋の、なおかつスケールやテクスチャーが違う部屋のばらばらな感覚をつないでいくのが、この四五度に抜けていく視線なのです。ついでに言えば、この独立性を完全に超越してすべてを連続して見渡せる視点は二つあります。一つは庭側からの眺め、つまり庭師の視点。もう一つは北側の使用人の動線からの眺めです。

建具を閉じているときは、各室と庭とだけの閉ざされた世界があり、建具を開けると四五度の方向にどこまでも抜けていく開かれた世界がある。この独立と連続とを高度に両立させようとしたのが、吉田五十八の建築の特徴なのではないでしょうか。閉じた落ち着きと開かれた開放感。人間が住居に対して求めるこの矛盾した欲求を調停して建築化すること。それが吉田五十八が挑んだ問題だったと言ってもいいでしょう。そしてこの独立と連続とを変換させていくのが、そこに住む人の所作、つまり運動する行為なのです。

所作の建築

私が猪股邸を訪問して、この四五度の仕組みに気づくことになったきっかけがあります。それは、婦人室に設置された造り付けの三面鏡を何げなく開いてみたときでした。婦人が身繕いをするプライヴェートな場所らしく内装も暗い色調で仕上げられたこの室の中で、三面鏡の両側を四五度の角度に傾けたその瞬間、外の庭の明るい緑が室内に飛び込んできたのです。予測していなかった私には、文字通り飛び込んできたという感覚がぴったりでした。衝撃的な美しさでした。鏡に顔を映す婦人に必要な照度をもたらすだけでなく、暗い室内にいて外光の中での印象を鏡の中にもたらすことが意図されていたのでしょう。三面鏡に映し出された三つの顔のうちの二つには、庭の緑が色濃く映っていました。

人の所作と建築が連動すること。吉田五十八の建築の中ではこの事態にしばしば遭遇することになります。たとえば縁側の出隅。縁側に腰掛けたとき、膝の裏に角が当たらないような配慮があるのでしょう。しかし吉田五十八にとっては、それはただそれだけではないようなのです。自邸の書斎の文机の前に開けられた開口は額縁のように庭を接写して映し出しています。その額縁はやはり四五度に面取りされています。正面からの視線に対しては、額縁は面取りがない方がフレームとしての抽象度は上がるはずです。ところが、書斎の文机には正座をして座ります。低い視線の位置から額縁を見たときに、この面取りはその先の外部にある庇の先端のラインと一致して厚みのない幾何学的なフレームと化します。先ほどの縁側の面取りも同じことです。驚くべきたくらみだと思います。

吉田五十八は日本の伝統的な数寄屋を近代化したと言われます。日本建築というと、理知的な分析の対象になりにくいというイメージがあります。とりわけ数寄屋は、感覚的な美学や素材の質ばかりに議論が集中しがちです。吉田五十八も著書の『饒舌抄』などからもうかがえるように[11]、建築を語るときに

「猪股邸」婦人室にもうけられた三面鏡に映り込む庭の緑

は理論的な用語や議論を徹底的に避けています。言葉で自作を語るのは無粋だと言っています。建築には建築の論理があって、それを言葉で無理に語ろうとしても完全な伝達は不可能です。体感によってのみ伝達可能な質なのです。ましてつくり手が自らの建築について語る言葉はすべて自己言及的な虚偽に満ちたものになってしまう。もしかしたら吉田五十八はそう考えていたのかもしれません。しかし吉田五十八が意図的に語った言葉とは裏腹に、彼の建築は徹底的に理知的な仕掛けに満ちているのです。感覚の論理とでも呼ぶほかないような理知で貫かれた建築。それが吉田五十八の建築なのです。

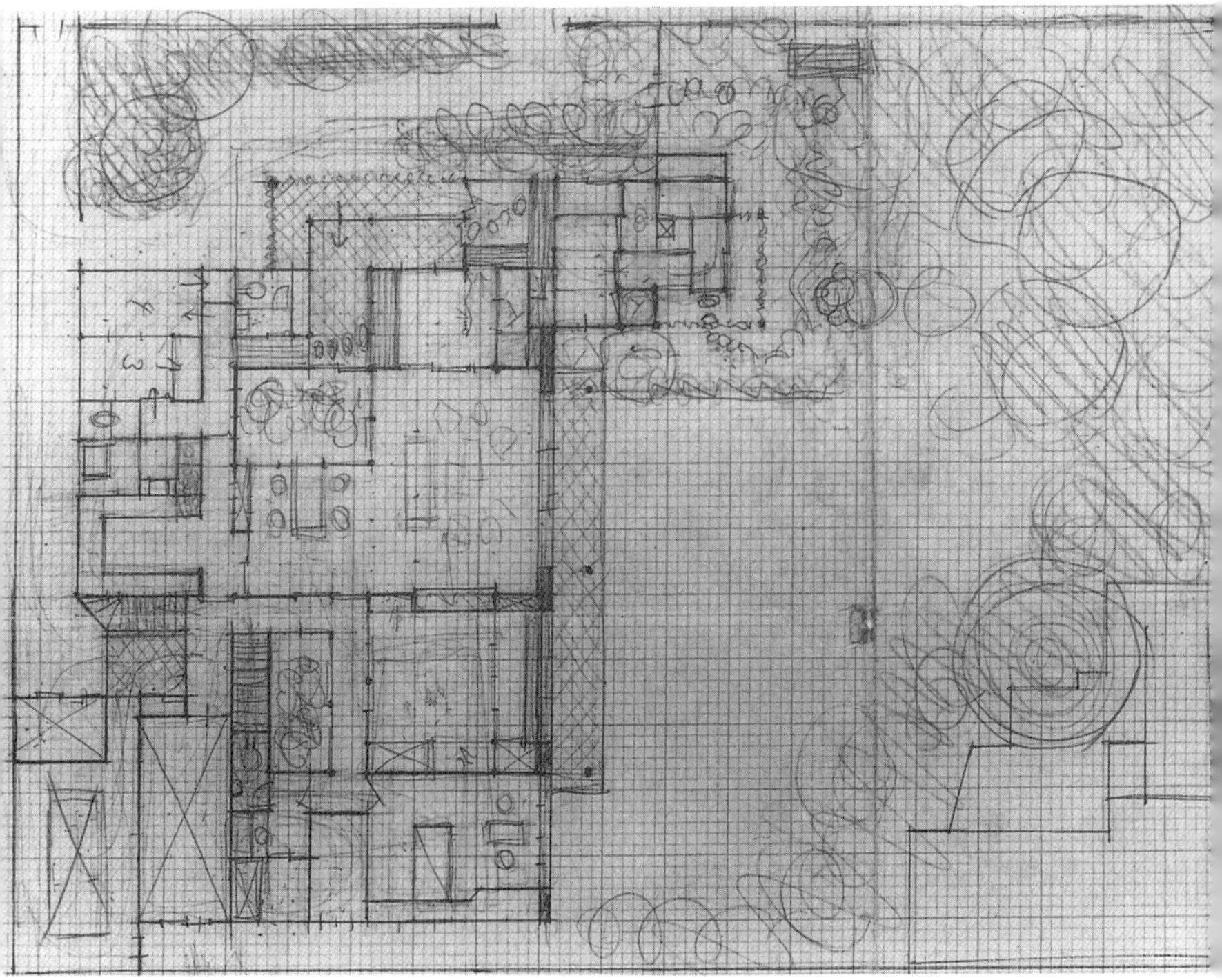

「猪股邸」平面（吉田五十八直筆） 東京藝術大学所蔵
この図面では東側前面道路が上で、中央付近に門がある。南側（右）に大きく庭をとっている。西側の書斎と東側の「一畳台目」の茶室が 1982 年に増築されている

Ⅳ 註

1 サヴォワ邸の設計プロセスに関しては、以下で詳細に分析されている。中村研一『サヴォワ邸／ル・コルビュジエ』東京書籍、二〇〇八年。

2 レム・コールハースはル・コルビュジエのスロープを拡大解釈して、斜床の可能性を追求したことで知られている。

3 未来派と時間表象の問題に関しては、以下を参照のこと。Sigfried Giedion, *Space, Time and Architecture: the Growth of New Tradition*, Harvard University Press, 1941. 邦訳：ジークフリード・ギーディオン『空間・時間・建築』太田實訳、丸善、一九六九年。

4 ル・コルビュジエのアトリエのスタッフだったアンドレ・ヴォジャンスキーは、ル・コルビュジエの手をめぐる個人的な追憶から着想した建築論を著している。André Wogenscky, *Les Mains de Le Corbusier*, Éditions de Grenelle, 1987. 邦訳：アンドレ・ヴォジャンスキー『ル・コルビュジエの手』白井秀和訳、中央公論美術出版、二〇〇六年。

5 Le Corbusier, *Le Modulor 1•2*, Architecture d'Aujourd'hui, 1950•1955. 邦訳：ル・コルビュジエ『モデュロール 1・2』吉阪隆正訳、鹿島出版会、一九七六年。

6 アントロポモルフィスムに関しては、以下に詳しい。磯崎新『人体の影：アントロポモルフィスム』鹿島出版会、二〇〇〇年。

7 ル・コルビュジエの手のモチーフについての考察を以下が行っている。Flora Samuel, *Le Corbusier in Detail*, Elsevier, 2007. 邦訳：フローラ・サミュエル『ディテールから探るル・コルビュジエの建築思想』加藤道夫監訳、丸善、二〇〇九年。

8 Le Corbusier, *Le Poème de l'Angle droit*, Electa 2007.

9 Maurice Merleau-Ponty, *Le visible et l'invisible*, Gallimard 1964. 邦訳：M・メルロ＝ポンティ『見えるものと見えないもの』滝浦静雄・木田元訳、みすず書房、一九八九年。

10 吉田五十八の建築をフォーマルに分析したものに以下がある。富永譲「貫徹する形態の力学と透明感：松岡邸・喜多川をめぐって」『世界建築設計図集1』同朋舎出版、一九八四年。

11 吉田五十八『饒舌抄』新建築社、一九八〇年。

おわりに

この本は、法政大学大学院デザイン工学研究科における「建築思潮特論」の講義内容がもとになっています。当初は講義の内容をそのままのかたちで本にすることを構想していました。しかし録音テープを文字に起こし、推敲を重ねていくうちに新たな着想が浮かんだり、全体の枠組み自体を変容させるアイディアが生まれたりして、みるみるうちに別のものになっていきました。つくづく話すことと書くことは別の行為なのだと思い知らされました。

建築の小さなディテールの一つ一つの中に、近代建築家たちが構想した思想の痕跡を見出し、それを丁寧に読み解き、時には大胆に拡大解釈してみること。この作業自体にぶれはなかったものの、推敲の過程で新たに近代建築の全体像をとらえる作業をやり直すことになりました。

私が一九九九年に慶應義塾大学環境情報学部に着任して初めて大学の教壇に立ってから、もうかれこれ一四年が過ぎようとしています。そのあいだいくつかの大学で講義をする機会に恵まれました。今回の推敲の過程では、直接的な材料となった法政大学の講義録だけでなく、私がこれまで大学の教壇で語ってきたことが反芻されて混ぜ合わされ、書き言葉となっていったような気がします。特に横浜国立大学理工学部における「ランドスケープ論」の授業は一〇年以上続けられて昨年度末をもって終了となりましたが、この間蓄積された内容もこの本の中に大きく流れ込むことになりました。

密室で書き連ねていく文章とは異なり、講義には必ず相手がいます。不特定多数の他者に向かって話しながら、常に反応が返ってきます。講義後に講義に対する批評を全員に書いてもらっていますので、その批評の総数はすでに二万枚をはるかに超えています。毎年の批評が次の年の講義内容に反映されていくので、講義は参加してくれた学生たちの批評によって構築されていったとも言えます。ここであらためてこれまで授業に参加して批評をしてくれた人たちに感謝したいと思います。

法政大学の講義録をまとめて出版するという着想に賛同してくださり、編集作業を進めてくれたのは彰国社の神中智子さんです。彼女とはかつて『ル・コルビュジエのインド』（彰国社）の企画の際にともにインドを旅し、今回の本でもコルビュジエのディテールについてさまざまに語り合いました。しかし当初の構想から大きく逸脱し、書き直しを繰り返す私の相手はさぞかし大変だっただろうと思います。この本がかたちになったのは、神中さんの力がとても大きいです。

雑誌『ディーティル・ジャパン』の編集長を歴任された内野正樹さんのすすめで、かつて同誌に「ディテールの思考」と題した連載をさせていただきましたが、そこでの内容もこの本の中に大きく投影されています。そのほかにもいくつかの雑誌などに書いた文章も流れ込んでいます。

ディテールから建築思想を読み解く本として、図や写真の果たす役割はとても大きいはずです。写真家のフィリップ・リュオーさん、北田英治さん、建築家の赤坂喜顕さん、鈴木了二さん、宮本佳明さん、建築史家の倉方俊輔さんなどから写真をお借りすることができて、充実したヴィジュアル・イメージを提示することができました。この本に掲載されているディテール図面の描き起こしは、おもに後藤武建築設計事務所の佐藤千恵の手になるものです。忙しい設計実務の合間を縫って短時間で描き起こしてくれた図面が文章の理解を高め、さらに読者の方々がディテールを読み解くきっかけとなることを期待しています。

二〇一三年三月

後藤　武

クレジット

［撮影］
Bryan Boyer / Artifice Images　63
Chevojon　19 , 25
Philippe Ruault　12 , 14 , 60 , 62 , 132 , 172 , 174
赤坂喜顕　70 , 75上右
伊藤清忠　49
北田英治　86 , 119 , 173
倉方俊輔　81
佐藤千恵　155 , 157上 , 160
彰国社編集本部　88 - 90 , 103 , 137
鈴木了二　95 - 99 , 114 , 115
内藤浩司　154
畑拓（彰国社）　75上左・下 , 109 , 121下 , 141
三戸美代子　45 , 85
宮本佳明　121上
＊特記のないものは、著者撮影。

［作図］
阿久津幸生　73
阿部直人　179
佐藤千恵　23 , 29 , 39 , 41 , 44 - 48
森崎浩美　35
＊特記のないものは、彰国社による。

［模型制作］
SITE＋早稲田芸術学校　121
慶應義塾大学後藤研究室＋
半田貴昭（慶應義塾大学池田研究室［制作当時］）　75 , 141

略歴

後藤 武　ごとう たけし

1965年、横浜市生まれ。フランス語と表象文化論を学んだ後、建築に転向。東京大学大学院工学系研究科修士課程を終えて、隈研吾建築都市設計事務所で建築の修業をする。慶應義塾大学環境情報学部などで教鞭を執った後、2007年に後藤武建築設計事務所を設立。2012年、「空の洞窟」で神奈川建築コンクール優秀賞。設計のかたわらで近代建築史の研究を続け、2009年に東京大学大学院博士課程単位取得退学。現在、フランスにおける鉄筋コンクリートの起源をめぐる博士論文を執筆している。

建築文化シナジー
ディテールの建築思考
近代建築の思想を読む

2013年5月10日 第1版発行

著　者 後藤武
発行者 下出雅徳
発行所 株式会社 彰国社
162-0067 東京都新宿区富久町 8-21
電話 03-3359-3231（大代表）
振替口座 00160-2-173401
http://www.shokokusha.co.jp
http://www.kenchikubunka.com
印刷　三美印刷株式会社
製本　株式会社ブロケード

ISBN 978-4-395-24113-2 C3352